Eurus

Notus

自然な建築

隈 研吾
Kengo Kuma

Boreas

Zephyrus

岩波新書
1160

自然な建築

目次

目次

序章　二〇世紀とは

「二〇世紀とは、どんな時代でしたか」とたずねられたら、みなさんは何と答えるだろうか。僕は躊躇なく、「コンクリートの時代でした」と答える。

それほどに、コンクリートという素材と、二〇世紀という時代は、相性がぴったしだったのである。ぴったしだっただけではなく、コンクリートという素材が、二〇世紀の都市を作り、国家を作り、文化を作った。その産物の上に、今も僕らは暮らしているのである。二〇世紀のテーマはインターナショナリズムでありグローバリゼーションであった。ひとつの技術で世界を覆いつくし、世界をひとつにすることがこの時代のテーマであった。物流、通信、放送、あらゆる領域でグローバリゼーションが達成されたが、建築、都市の領域で、それを可能にしたのがコンクリートという素材だったのである。

まずコンクリートは場所を選ばない。木の薄い板を組み立てて型枠を作る程度の技術は世界中どこにでもあったし、コンクリートの構成材料である砂、砂利、セメント、鉄筋は世界中どこでも入手可能であった。型枠の中に鉄筋を組んで、砂、砂利、セメントを流し込めば、それまでである。鉄骨の建築も、二〇世紀の産物ではあるが、鉄骨造《ぞう》はコンクリ

図1　ル・コルビュジエ／インド，チャンディガールの州会議事堂（1951）

ートに比べれば、はるかに難易度の高い、高度な技術であった。

コンクリートほどに普遍的（グローバル）な建築技術は、かつて歴史上存在しなかった。だからル・コルビュジエ（注1）は、インドの大平原のなかのチャンディガールのような場所で一九五〇年代に新都市を作る時にも、コンクリートを自由にあやつって、空に浮かぶ巨大な彫刻のような自由な造型ができたわけだし（図1）、一九七〇年代にルイス・カーンがバングラデシュの国会議事堂（図2）をダッカに作った時も、コンクリートを選択して、古代遺跡のような姿の建築を作ったのである。わが日本の丹下健三だって、日本の伝統建築の木組みを想起させる傑作、香川県庁舎（図3）をはじめとして、その作品の大部分はコンクリートである。彼らは地域文化を尊敬し、風土を尊重する偉大な建築家ではあったが、それでも石造《せきぞう》も、鉄骨造も木造も、そしてもちろんその地域に昔から伝わるローカルな工法も選ばなかった。

コンクリートの自由さ

しかも、この素材は、場所を選ばないという普遍性のみならず、どんな造型をも可能にするという、もうひとつの普遍性、別の言い方をすれば自由を有していた。型枠の作り方を変えるだけで、どんな曲面も自由に作れるし、もちろんストレートでシャープな骨組みを作ることも簡単である。

だから、建築を学びはじめたばかりの学生はコンクリートが大好きである。自分が作りたい形の輪郭線を描き、その線の内側はコンクリートがつまっているということにすれば、一応図面としての整合性はつく。鉄骨造や木造の図面を描こうと思ったら、そうはいかない。「ジョイントはどうなっているんだ。収まってないじゃないか」とか、「これじゃ部材と部材の隙間だらけで、風も虫もどんどんはいってくるじゃないか」と教師にどやしつけられる。そういう教師自身が、残念ながら実際には鉄骨造や木造の図面はひけない。それほどに、コンクリートは群を抜いて「易しい建築」なのである。
しかも、この形の自由さにプラスして、表層の自由というオマケもついてくる。豪華で、お金がかかったふうな建物にしたい時は、コンクリートの上に薄い石を貼り付ければいい。

図**2**　ルイス・カーン／ダッカ，バングラデシュ国会議事堂(1974)

ハイテクっぽく、未来っぽい味付けをしたい時には銀色でシャープなアルミの板を貼ればいい。自然派、エコロジー派を気取りたい時には、木の板を貼り付けたり、珪《けい》藻土《そうど》を薄塗りすればいいのである。

これは学生が描く図面だけの話ではなく、実際の建築の施工の実情である。僕らをとり囲む建築物のほとんどは、そのようにして、コンクリートの上にいろいろなお化粧をすることで、できあがっている。コンクリートは強くて、その上に何かを取り付けるのが、最も簡単な建築素材である。こんなお化粧ノリのいい材料は、他にない。その意味でも、最も普遍的な材料であり、それゆえに、あらゆるデザイナーの、あらゆるテイストに対して、コンクリートは自由に対応可能であるし、ローコストなものから高級建築まで、あらゆるグレード、コストに対しても、コンクリートは見事に、そのお化粧で対応するのである。

この施工方法は、コンピューターグラフィックスの最もポピュラーな技法であるテクスチャーマッピングと酷似している。コンピューターグラフィックスで建築を描く時、われわれはまずモデリングという作業からはじめる。直方体、球、シリンダーなど物体の形を入力するのがモデリングである。形態が入力し終わると、次にその上にテクスチャーを貼り付ける。「大理石」というテクスチャーを貼ったり、「杉板」というテクスチャーをのせたりするのである。この操作がテクスチャーマッピングである。現実の建築の施工方法がテクスチャーマッピング的であるので、コンピューター上でも、この描き方が主流となる。さらに言えば、われわれの脳の中でも、「建築＝コンクリート＋お化粧」というさびしい公式が幅をきかせているのである。

それほどに圧倒的な普遍性があり、しかもコンクリートはめっぽう強い建築素材でもある。地震にも強い、火事にも強い、虫に喰われることもない。そんな万能の素材が、二〇世紀に普及しないはずがなかった。普遍的であるとは、場所を選ばないということであり、また建築のテイスト(シンプルなものからデコラティブなものまで)、種別(住宅からオフィスまで)を選ばないことであり、しかもどんなコストにも対応できるということである。

図3　丹下健三／香川県庁舎(1958)

しかし、場所を選ばないということは、逆に言えば、あらゆる場所をコンクリートというひとつの技術、その技術の裏にひそむ単一の哲学によって、同一化してしまうということである。そして、場所とは自然の別名に他ならない。多様な場所、多様な自然が、コンクリートという単一の技術の力で、破壊されてしまうのである。またテイスト、種別、コストを選ばないということは、逆にいえば、多様な表面のお化粧のうしろ側には、コンクリートという単一の揺るぎない本質がひそんでいるということに他ならない。そのようにして、自然の多様性が失われただけではなく、建築の多様性も失われたのである。二〇世紀とは、そのようなさびしい時代であった。

さらにコンクリートの「強さ」についても、その「強さ」の質についても、われわれは注意深く、見きわめなくてはならない。コンクリートは突然にかたまるのである。それまではドロドロとしていた不定形の液体であったものが、ある瞬間、突然に信じられないほどかたく、強い物質へと変身を遂げる。その瞬間から、もう後戻りがきかなくなる。コンクリートの時間というのは、そのような非連続的な時間である。木造建築の時間は、それとは対照的である。木造建築には、コンクリートの時間のような「特別なポイント」は存在しない。生活の変化に従って、あるいは部材の劣化に従って、少しずつ手直しし、少しずつ取りかえ、少しずつ変化していく。

逆な見方をすれば、二〇世紀の人々は、コンクリートのような不連続な時間を求めたのである。そのようにして、不定形なものを固定化することに、情熱を燃やしたのである。

たとえば核家族が住まうための家を建てることに、二〇世紀の人々は懸命になった。二〇世紀の経済を下支えしたのは、「持ち家」への願望である。従来の地縁、血縁が崩壊し、近代家族という孤立した単位が、大きな海を漂流しはじめたのが二〇世紀であった。近代家族という不確かで不安定な存在に対して、何らかの確固たる形を与えるために、彼らは住宅ローンで多額の借り入れをしてまで、家を建て、家族を「固定」しようとした。あるいはコンクリート製のマンションというかたい器のなかに収容することによって、存在の不安定を「固定」しようとした。地縁、血縁が崩壊したことで不安定になってしまった自分を、コンクリートというがちがちのもので再びかためたいと願ったのである。

同様に、国家も、自治体も、あらゆる共同体が、コンクリートによる固定化で明確な「形」を獲得することによって、その存在の不安定を、解消しようとした。解消したつもりになろうとした。「ハコモノ」とは、そのようにして作られた、かたい建築の別名である。そういう人々の欲求にコンクリートは、最適の素材であるかに見えたのである。

しかし実際には、不安定なものほど、うわべの固定化によっては救われない。不安定なものがもっとも必要としているのは柔軟性のはずである。固定化は不安定なものに不自然な足枷をはめるだけである。あるいは、コンクリートによる固定化は、もはや誰もが必要としていない無用の存在としての共同体に対する、さらなる不必要な出費であった。コンクリートとは消えゆく不安定なもの達の、断末魔の叫び声である。

不可視のコンクリート

しかも、さらに悪いことに、この「強い」はずのコンクリートは、実のところ、きわめてもろい。強いはずのコンクリートは、永遠であるかに感じられても、数十年後には、最も処理のしにくい、頑強な産業廃棄物と化す。その劣化の度合いが表面からは見えにくいところが、さらに問題である。内部の鉄筋が腐食していても、あるいはコンクリート自体の強度が失われていても、表面からはうかがい知れない。木にしろ紙にしろ、時間がたてば傷む。しかし傷みが、はっきりと目に見える。だからその部分を取りかえることで、建築を長持ちさせることができる。木造の時間は、そのようにして連続的に、持続させていくことが可能である。ちょっとした観察力と傷んだ部分だけをこまめに取りかえるまめささえあれば、木造の時間はしぶとく、終わりなく流れてくれる。逆にコンクリートの不気味さは、その中身が見えないことである。見えないがゆえに、人々はそこに実際以上の圧倒的強度を仮想し、不安定を固定化する超越的な力を期待する。

中身が見えないことに、コンクリートの本質があったのである。それゆえ、その上に化粧の上塗りが平然と行われる。そもそも中身が見えていないのだから、その上に何かを重ねて、さらに不透明にしたとしても、その不透明な本質に変化はない。感覚はマヒし、上塗りは日常化する。

逆に、透明なガラスの上に化粧を塗るのは、ためらわれる。それが人間の心理である。日本の伝統的木造建築は、そのような種類の透明な建築であった。建築を支える構造体（柱）は、あくまで露出される。最後の最後まで露出され、露出されたままの裸の姿が、最終の仕上げとされる。隠蔽することは、罪悪と見なされる。

それゆえ、コンクリート建築で、必要な鉄筋を入れない偽装が行われたとしても、少しも不思議ではない。偽装とはコンクリートの不透明な本質の帰結である。二〇世紀の日本では、閉じた社会に固有の、官僚を頂点とする息苦しい規律が、この種の不正をかろうじて抑止していた。しかし、社会の脱領域化が進んで、閉じた社会の規律が緩んでいけば、まっさきに、コンクリートという不可視な存在の奥の暗黒が狙われる。表面からは何も見えないから、そこで何が起こっても不思議はない。偽装者がコンクリートの暗黒をターゲットとしたのは、ある意味で必然であった。

いわば、コンクリートは、表象と存在の分裂を許容するのである。お化粧次第で、その中身とは関係なく、あらゆるものを表象することが可能だからである。石を貼ることで、権力と財力を表象することもできるし、アルミやガラスを貼って、テクノロジーや軽やかな未来を表象することも可能である。木材や珪藻土を貼って、「自然」を表象することすら、充分可能である。それゆえ表象が重視され、表象と存在との分裂が進行した二〇世紀という時代に最も適した素材が、コンクリートであった。

自然素材とは

にもかかわらず、ある人は、コンクリートも自然素材であるという。主要な材料は砂、砂利、鉄、セメントであり、セメントも石灰石が主原料であるから、それらの自然素材を組み合わせて作ったコンクリートも自然素材だというロジックである。自然素材であるか否かということが問題なのではない。自然と人工との境界は実に曖昧である。プラスチックなどの石油製品にしたところで、もともとはある種の生物が姿を変えた石油という地中に存在する物質が原料であるし、加工の有無を問うて自然と人工との線を引こうとしても、今や人間の手が加わっていない素材は、ほとんど存在しない。

自然素材か否かの境界は極めて曖昧である。そこに線を引く行為に安住してはいけない。線引きからは何も生まれない。線引きは何も正当化しない。われわれは、線引きの先に行かなくてはいけない。自然な建築とは、自然素材で作られた建築のことではない。当然のこと、コンクリートの上に、自然素材を貼り付けただけの建築のことではない。

あるものが、それが存在する場所と幸福な関係を結んでいる時に、われわれは、そのものを自然であると感じる。自然とは関係性である。自然な建築とは、場所と幸福な関係を結んだ建築のことである。場所と建築との幸福な結婚が、自然な建築を生む。

では幸福な関係とは何か。場所の景観となじむことが、幸福な関係であると定義する人もいる。しかし、この定義は、建築を表象として捉える建築観に、依然としてとらわれている。場所を表象として捉える時、場所は、景観という名で呼ばれる。表象としての建築と、景観という表象を調和させようという考えは、一言でいえば他人事として建築や景観を評論するだけの、傍観者の議論である。表象として建築を捉えようとした時、われわれは場所から離れ、視覚と言語とにとらわれ、場所という具体的でリアルな存在から浮遊していく。コンクリートの上に、仕上げを貼り付けるという方法で表象を操作し、「景観に調和した建築」をいくらでも作ることができる。表象の操作の不毛に気がついた時、僕は景観論自体が不充分であることを知った。

場所に根を生やし、場所と接続されるためには、建築を表象としてではなく、存在として、捉え直さなければならない。単純化していえば、あらゆる物は作られ(生産)、そして受容(消費)される。表象とはある物がどう見えるかであり、その意味で受容のされ方であり、受容と消費とは人間にとって同質の活動である。一方、存在とは、生産という行為の結果であり、存在と生産とは不可分で一体である。どう見えるかではなく、どう作るかを考えた時、はじめて幸福とは何かがわかってくる。幸福な夫婦とは、見かけ(表象)がお似合いな夫婦ではなく、何かを共に作り出せる(生産)夫婦のことである。

自然な建築

二〇世紀には存在と表象とが分裂し、表象をめぐるテクノロジーが肥大した結果、存在(生産)は極端に軽視された。どうあるか、どう作られているかではなく、どう見えるかのみが注目された。二〇世紀は広告代理店の世紀であったと要約した人がいるが、表象をめぐるテクノロジーを競いあう時代の主役こそ、他ならぬ広告代理店であった。表象の操作を繰り返せば、広告だけは無限に作り出すことができ、それなりの感動も驚きも作り続けることはできる。しかし、それは人間の本当の豊かさとは関係ない。

広告代理店にとっての豊かさではなく、人間にとっての豊かさを探りたければ、建築をどう生産するかに対して、われわれは再び着目しなければならない。その大地を、その場所を材料として、その場所に適した方法に基づいて建築は生産されなければならない。生産は、場所と表象とを縦に貫く。あたりまえの話だが、場所とは単なる自然景観ではない。場所とは様々な素材であり、素材を中心にして展開される生活そのものである。生産という行為を通じて、素材と生活と表象とが、一つに串刺しにされるのである。生産とは、そのような垂直性を有する。その結果として、自然な建築が生まれる。場所に根をはった、自然な建築ができあがる。かつてフランク・ロイド・ライト(注2)はラジカルな建築とは、実は自然に根をはった建築なのだと言い放った。ラジカルと根っこという言葉が同じ語源をもつことを忘れてはならないと彼は語った。ウィスコンシンの田舎育ちという自分の根っこが、自分のラジカリズムの原点であると宣言したのである。

その意味で、日本の大工は驚くほどラジカルである。しばしば、家を建てるならその場所でとれた木材を使うのが一番よいと語り伝えてきた。機能的にも、見かけも一番しっくりくると伝えた。それを一種の職人の芸談として、神秘化してはいけない。場所に根の生えた生産行為こそが、存在と表象とをひとつにつなぎ直すということを、彼らは直感的に把握していたのである。その方法の現代における可能性を、具体的な場所を通じて、ひとつひとつ探っていくのが、この本の主題である。

(注1) ル・コルビュジエ(Le Corbusier, 本名Edouard Jeanneret-Gris)。フランスの建築家。スイス生まれ。ミース・ファン・デル・ローエとともに近代建築の祖といわれ、特にコンクリートを用いた造形で知られる。一八八七〜一九六五。

(注2) フランク・ロイド・ライト(Frank Lloyd Wright)。アメリカの近代建築家。有機的建築を提唱した。旧帝国ホテルを設計。一八六七〜一九五九。

1 流れゆく水——水平へ、そして粒子へ

水／ガラス(1995)

予期しない再会だった。熱海のまっ青な太平洋を真下に見下ろす崖の上で、「あの人」に再び出会ってしまったのである。

「あの人」と最初に会ったのは、僕がまだ小学生の頃である。ある晩、父が応接間の棚の上から、小さな木製の箱を下ろしてきた。タバコかお菓子をいれるような大きさであった。民芸風でもないし、冷たく硬いモダニズムのデザインとも違う、不思議な質感を漂わせた木の小箱であった。「ブルーノ・タウトっていう建築家、知ってるか」。タウトという名の世界的な建築家が、この小箱をデザインしたという父の自慢話をひとしきり聞いたあとで、箱を裏返してみたら、日本語で「タウト／井上」という文字の焼印が押してあるのをみて、少しがっかりした。「なんだ、世界的とかいっても、実は日本製なんじゃん」。

大学に入って、建築をかじりはじめ、聞き覚えのあるタウトという名前について調べているうちに、「タウト／井上」の銘の由来もわかってきた。一九三三年、ナチスが政権を獲得した年に、タウトは日本を訪れた。正確には日本へと逃げてきた。ナチスから共産主義者という嫌疑をかけられ、シベリア鉄道を経由し、日本海をわたって敦賀港にはいったドットとなった。入港の翌日、五月四日のエピソードは、日本の近代建築史を彩る美しいアネクドットとなった。

桂離宮

五月四日は、タウトの誕生日である。まさにその日に、タウトは桂離宮を訪れた。「純粋で、ありのままの建築。心を打ち、子供のように無垢である。現代の憧れの実現だ。……おそらく最もすばらしい誕生日であったろう」(『日本―タウトの日記』篠田英雄訳、岩波書店、一九七五)。タウトは何の予備知識もなく、日本の建築家につれられるままに、入港の翌日、この一七世紀の建築を訪れた。当時桂離宮は今日のようなメジャーな存在ではなかった。その庭に足を踏みいれたタウトは、突然に、雷にでも打たれたような衝撃をうけるのである。誇張でも何でもなく、彼は桂離宮こそが、二〇世紀のモダニズムの、そのさらに先をいく建築であると直感した。

一方、タウトを桂離宮に連れ出した、日本インターナショナル建築会の建築家達には、ひとつの目算があった。柱梁をむき出しにした、無装飾でシンプルな桂離宮のデザインを、モダニズムをリードする世界的な建築家であるタウトが賞讃してくれるのではないかという、目算である。しかし、その目算は見当違いだった。当のタウトは当時のヨーロッパ建築界を席捲しつつあった日の出の勢いのモダニズムを、すでに、批判的な目で眺めはじめていたのである。本人が「鉄のモニュメント」（ライプツィヒ国際建築博覧会におけるドイツ製鉄所連盟ならびに橋梁鉄道建設連合会のためのパヴィリオン、一九一三年。図4）、「グラス・ハウス」（ドイツ工作連盟ケルン博覧会におけるガラス工業組合のパヴィリオン、一九一四年。図5）

図**4**　タウト／鉄のモニュメント（1913）

図**5**　タウト／グラス・ハウス（1914）

という二つのショッキングな建築の設計を通じて、モダニズムの火付け役を果たしたにもかかわらず、その後のモダニズムの展開に対して、タウトは批判的となり、冷めはじめていたのである。

タウトは当時、一種のブームとなっていたモダニズムをフォルマリズム（形態主義）であると批判した。スターであるル・コルビュジエやミース・ファン・デル・ローエ（注1）をフォルマリストだと否定したのである。

形態の美しさよりも、もっともっと大切なものが建築にはあると、彼は考えていた。それは、彼の言葉を借りれば「関係性」であった。主体と世界との関係性である。自分という主体を、世界というひろがりに対してしっかりと結びつけるための、媒介の役割を、建築は担わなければならないと、タウトは考えたのである。モダニズムの建築は、世界から自立、孤立した、形態の美しさをめざしているにすぎず、そのような孤立した建築が増えれば、世界の混乱はさらに深まっていくであろうとタウトは考えた。

では「関係性」の建築とは、具体的にはいかなるものになるか。その設問の大きさの前で思い悩むタウトの前に、突然、不意に、桂離宮があらわれたのである。それを彼は「奇跡」とすら評する。「この奇跡の真髄は、関係の様式——いわば建築せられた相互的関係にある」（ブルーノ・タウト『日本美の再発見』篠田英雄訳、岩波書店、一九三九）。

タウトの桂離宮論は、建築論としては拍子抜けするような論である。案内役であった日本インターナショナル建築会の人々の期待した「モダニズム讃歌」とはほど遠いし、かといって伝統建築讃美でもない。建築論であるのに庭の話が中心であり、しかも主観的でわかりにくい。「関係性」という曖昧な概念を、なんとか言語化しようという苦闘のゆえに、彼は曖昧な主観表現を多用せざるをえなかった。

自分という主体が、建築や橋などの補助線、媒介を通じて庭（自然）とどう接続され、さらにその庭を通じて、宇宙や世界といった領域とどのようにつながっているか。そのような深い場所に、桂離宮がどう導いてくれるかを、タウトは熱く語り続けるのである。そのわかりにくさの底に流れているのは、この一七世紀の苔むした庭の中にこそ、モダニズムを超える何かがあるという確信である。

その確信を現実の作品に投影したプロジェクトが、彼が熱海に設計した日向邸である。小さな日向邸の室内写真をやっと一枚、作品集に見つけた。その暗い室内と、彼の「確信」とがどう関係しているか、建築をかじりはじめたばかりの僕にはまったく見当がつかなかった。

タウト／井上

つぎに「あの人＝タウト」にめぐりあったのは、一九八八年である。自分の設計事務所を開いて、三年後である。高崎の建設会社井上工業から設計の依頼がまいこんだ。井上工業……聞き覚えがある名前であった。あのタウトの三年間（一九三三〜三六）の日本滞在を経済的にサポートしたのが高崎の実業家、井上房一郎だった。彼はタウトを高崎に招いて小林山達磨寺の洗心亭に住まわせ、高崎工業試験所の嘱託に指名して、タウトが自由にデザインした家具、小物、布地の類を銀座七丁目の角に開いた「ミラテス」というショップで販売したのである。そのうちのひとつの木箱を僕の父が買い求めて、応接間の棚の上に大事にしまっておいたというわけなのである。

その井上工業からホテルの設計を頼まれた。しかも、当の井上房一郎氏は、当時九〇歳を過ぎて健在であった。「タウトって、どんな人だったんですか」「図面を描くのが早い男でね、『……may be so……』とか一人でブツブツつぶやきながら、自分でどんどん図面をひいていくんだよね……」。

日向邸

房一郎氏との出会いから五年がたって、まったく偶然に、熱海の崖を訪れた。ある企業からゲストハウスの設計を依頼され、熱海の東山と呼ばれる海際の小高い丘の上の敷地を訪れた。うろうろ歩きまわったり写真をとったりして、何やらあやしげだったのかもしれない。隣りの家から婦人が出てきた。「建築屋さんですか。なら、わたしの家を御覧になりませんか、タウトという建築家の設計らしいんですけれど……」。

また「あの人」か、と絶句した。三度目の出会いだった。設計を依頼された敷地の、なんとお隣りがあの日向《ひゅうが》邸だったのである。婦人の後をついて小さな門をくぐった。外観は何の変哲もない、普通の木造二階屋である。住友の番頭をつとめていた日向利兵衛は、熱海の海を臨む傾斜地を入手し、タウトに設計を依頼する数年前に、崖にはり出すようにしてコンクリートの人工地盤を作り(図6、7)、その上に地元の大工の手で、二階建ての木造家屋を作ったのである。その崖の途中の人工地盤の下に、どこからも見えない、半地下のような不思議な場所ができた。その穴ぐらみたいなスペースに建具をはめ、内装をほどこして、ダンスパーティもできる部屋を作ってほしいというのが、タウトへの依頼だった。規模の小さい内装設計の仕事である。外観デザインもないし、そもそもどこからも見え

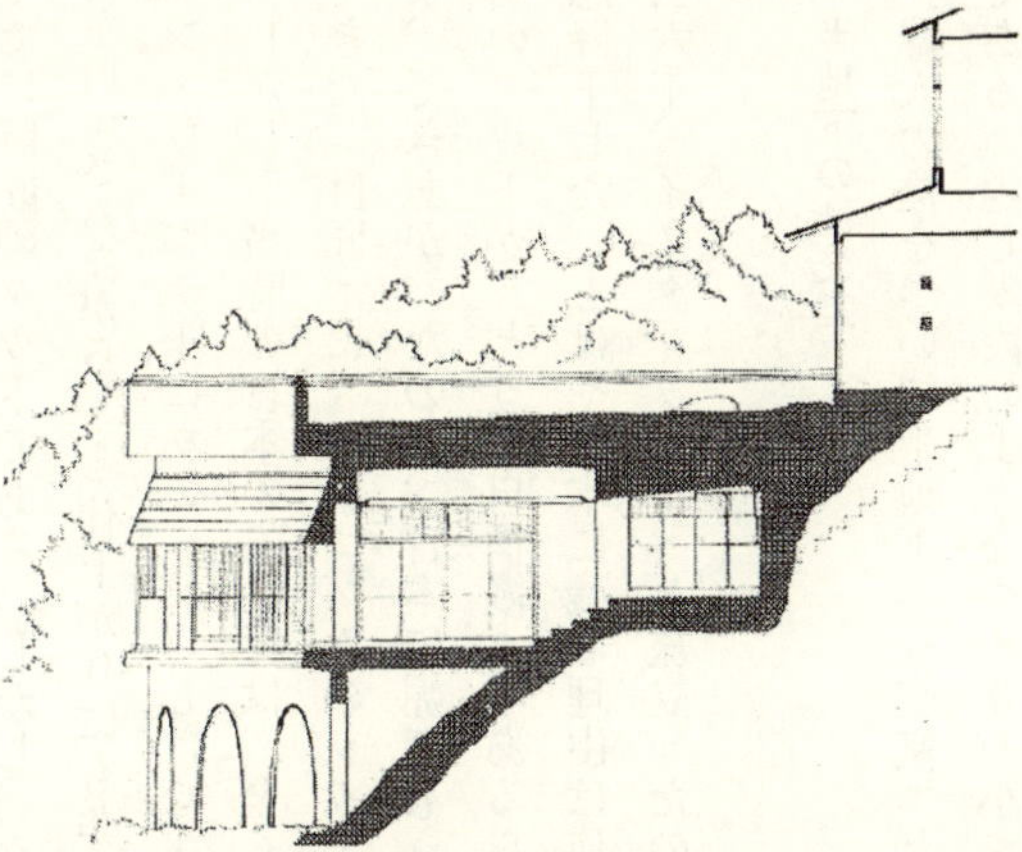

図**6**　タウト／日向邸(1936)断面図

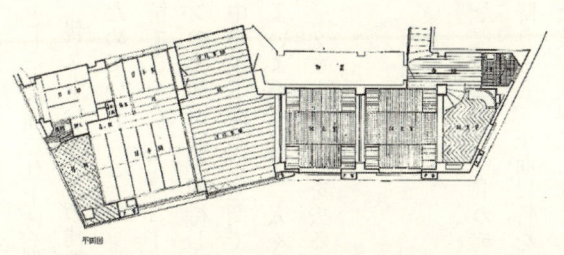

図**7**　タウト／日向邸平面図

ないのだから、普通の建築家から見れば、少しもありがたくない仕事であろう。ましてや、すでに巨匠のタウトである。しかし、タウトは喜々として図面を仕上げ(例によってひとり言を口ずさみながら……)仕上がりにも非常に満足し、親友のベルリン市建築監督官マルティン・ワーグナーにあて、誇らしげな手紙までしたためている。

しかし、当時の日本の建築界は、全くこの家を理解できなかった。ヨーロッパからやってきた「巨匠」に、モダニズムのシャープなデザインの模範演技を期待したにもかかわらず、できあがったのは、日本に媚でもうるような、中途半端な暗い空間であった。しかも、当のタウトが、どうも自信慢々であるらしいのがいよいよ不可解で、人々のタウト評価は急降下した。もはや日本に残る理由は何もなかった。タウトは日本を去る決意をし、一九三六年、イスタンブールへと旅立ったのである。

半地下の社交室

婦人の後をついて半地下の社交室へと降りていった。そこがタウトのデザインした部分である。隠し階段のようなつくりの小さな暗い孔を降りると、正面に竹を並べた壁があらわれる。右に視線をうつしていくと、突然太平洋の大波が視界にとびこんできた。波の音もひびいてきた。海とどのような関係をとり結ぶかが、タウトがこの空間に託したデザインである。そのテーマに従って、室内の床に微妙な段差がつけられ、開口部の大きさが決められ、床のエッジのディテールが細心の注意をもって決定され、壁には地味で沈んだ色合いのクロスが貼られた。

そこに出現した「関係性」は、カメラでは決してとらえることができない。カメラを室内側に向ければただの暗い壁面がうつるだけだし、逆に海に向かってシャッターを切れば、海の風景写真がとれるだけである。主体が、この微妙な建築を媒介として、海(自然)とひとつにつながれたというスリリングな大事件が、写真にはうつりようがないのである。「写真の時代」であった二〇世紀には、すなわち建築が「写真」を通して流通し、評価された二〇世紀には、この種の「関係性」の本質を人々に伝達することは、不可能であった。写真の時代には、タウトが否定したフォルマリズムの建築、特徴的な外観を有する彫刻のような建築がおあつらえであったのである。

タウトがわざわざドイツから取り寄せたというヒンジ(丁番)で取り付けられた木製の窓は、一〇〇パーセント開放することができた。今でいうクローゼットドアというタイプのヒンジである。窓をすべて開けてもらって、上段、下段と二段に分かれた奇妙な和室の上の方の段にあがり、床にねそべって足を思い切り伸ばし、波の音に体全体をあずけてみた。磯の香りがあがってきて体を包んだ。すべて写真にうつらないものばかりであった。実際には海はこの建築がはりつく崖のはるか下に位置しているにもかかわらず、タウトが引いた補助線によって、海と建築とがつながり、水と身体とがひとつにつながったのである。

水面の建築

東京に戻ってからも、このタウトの家で出会った海が、頭から身体から、なかなか離れなかった。タウトが日向邸でやったよりも、もっと近くに海を引き寄せることはできないだろうか。いっそのこと、水面だけの建築を作ってみたくなった。水面の脇に寝そべって、キラキラ光る水面を眺めたり、その水面の上を吹き渡る、気持ちのいい風を全身で浴びられるような建築を作りたいと思った。日向邸の隣りの敷地に依頼されたゲストハウスを、そんな水面だけの建築にしてみたくなった。

もともと海の近くで育ち、海が好きだった。海が好ましいのは、単にそこに水があるからではなく、水が水平にひろがるという性状を持っているからである。水は立ち上がるのが苦手である。それゆえ、海の近くには壁的なものがほとんどない。同じ海でも、岩壁はやはり駄目で好きになれない。水自体が立ち上がっているわけではないが、岩の立ち上がりの仕方が気になって、ゆっくりとはくつろげない。コンクリート護岸などは問題外である。やはり砂浜が一番で、水ももちろん立ち上がっていないし、砂も立ち上がるのが苦手で、めったに立ち上がれない。重力にまかせて水も砂も目一杯水平にくつろいでくれているおかげで、こちらの身体もゆったりとくつろぐことができる。

とはいっても、水面だけでは人は暮らせない。何かが立ち上がって、人の身体を守らなくてはいけない。この矛盾をどう解くかが建築という行為の鍵を握る。立ち上がりは極力控え目で、できれば消去したいと考えて、水面の上にガラスだけを立ち上げることにした。水とガラスという二種類の物質だけで建築を作るというイメージである。考えてみれば、タウトのグラス・ハウス（図5）も、インテリアには豊かに水が流れていたのであった。世の中に流通している写真は、ガラスの結晶体のように見える例の外観写真一枚であって、そこからはタウトの意図した「関係性」はまるで伝わってこない。

海という大きな水面を、身体の近くに引き寄せるために、建築の一部である水面のエッジを絶えずオーバーフローさせ、建築の水面と眼下の太平洋の水面とが、一体に感じられるディテールとした（図8）。楕円形をしたラウンジの床面もガラスで作り、ガラスの下に

図8　水／ガラス

も水の深さが感じられるようにした。その結果ガラスの床も何もかもが、水の上に浮いていると感じられる。そのような操作を繰り返して、水と身体とを、丁寧につなげていくのである。

　水面以外のエレメント、すなわち垂直に立ち上がる建築要素は、可能な限り弱く弱くデザインした。垂直なものの存在感をどんどん消していくのである。しかし、だからといって退屈なわけではない。垂直要素が消えれば、意識は逆に、床面の水へと集中していく。水面は絶えず動いている。波と呼ばれるような大きな動きがあり、その一方で風に誘発される小さな動きがある。光はそれにつられてキラキラと変化し続けて飽きることがない。

水面を観察しているうちに、水面の上に配置されるルーフ（屋根）は、ステンレス製の細かいルーバー（格子）でなければならないと考えはじめた。そのルーバーが光を細かい粒子へと粉砕し、水面の上に光の粒子のダンスを躍らせるのである。光を通さない重たいルーフはもちろん駄目だし、ガラスのルーフも光を砕かない。水面の粒子と上から降り注ぐ粒子が響きあわないといけない。ルーフの光が粒子に砕かれずにべたっとしたままでいると、その重たいルーフが、水面の粒子のダンスを殺してしまう。ルーバーという建築ボキャブラリーを用いたのは、この作品が初めてである。ルーバーが粒子を生み出す。水と向きあったおかげで、ルーバーという建築エレメントと出会った。それは、僕にとって、とても大事な出会いであった。自然と建築とをつなぐ優れた装置に、僕は出会うことができたのである。

粒子の建築

画家のスーラが点描画法を生み出したきっかけも、同じように海との出会いだった。ス

図9　スーラ／グランカンのオック岬(1885)．ロンドン，テート・ギャラリー

ーラはノルマンディの海を描いた時に、点描画法を編み出したといわれている(図9)。その海の絵以前のスーラには、一つも点描がない。絵の具は、普通の画家と同じように、面状に重たくべたっと塗られている。しかしノルマンディのキラキラと光り輝く海に出会った時、彼は突如、絵の具で点を描きはじめたのである。この一瞬から新印象派がはじまり、二〇世紀の絵画の歴史が開けていったのである。海が、そして水が粒子の世界を開き、二〇世紀の絵画の歴史を開いたのである。

点描とは単なる粒子化ではない。それぞれの粒子が、様々な色を持ち、それぞれが様々なイメージを発信する。その多様な発信の全体、いわば発信が集合した曖昧な雲のようなものを、われわれはまるごと受けとるのである。その時、最も重要なのは、われわれ受容者に対して、粒子の雲はいかようにも姿を変え、違ったものとして立ち現れるということである。

この事実はしばしば虹のたとえを用いて説明される。虹を作るのは水蒸気という粒子の集合体である。太陽と粒子と受容者、その三者の「関係性」によって、虹は出現する。正確にいえば、その「関係性」こそが虹なのである。先述したようにタウトは桂離宮の本質を「関係性」であるとみたが、その「関係性」と虹を出現させる三者の「関係性」とは同義である。受容者が桂という庭園のなかを様々に歩きまわる時、桂という虹が、どのように多様に豊かに出現するかを、タウトは記述した。虹は揺れ続けており、同じように桂も振動し続ける。だから、あのような曖昧な書き方で桂を記述せざるを得なかったのである。

この粒子に関する考え方を、最も精緻な形で哲学化したのはライプニッツである。あらゆる経験は、無数の微細な粒子の不安定な結合、振動、交錯から生成されるとライプニッツは考えた。それが彼のモナド（粒子）論の本質である。世界は、これら無数の可能世界に対して永遠に開かれていなくてはならないと考え、粒子はすべてを待ち続けていると彼は考えた。粒子であるからこそ、待ち続けることができるのである。ひとたび凝結したものは、もはや変わることができない。何も待つことができない。

自然の本質もまた、何かを待ち続けることである。自然とは凝結していない。どんなに凝結しているように見えるものでさえも、それは人間の近視眼的な時間スケールから見て、凝結して、固定化されているだけであって、自然に内在するおそろしくゆるやかな時間表からみるならば、すべては流動的であり、何かを待ち続けているのであり、すべては粒子なのである。

この水／ガラスのプロジェクトで海に出会ってから、海が粒であることを知ってから、粒子のような建築を作りたいと、はっきりと考えるようになった。そこからルーバーという建築ボキャブラリーが、しばしば僕の建築に登場するようになる。ルーバーとは、粒子の別名である。日本人は、ルーバーを格子と呼びならわして、自然と建築をつなぐ道具として、長い間大事に育て、使いこなしてきた。そのようにして粒子を愛で、粒子と慣れ親しんできたのである。自然と人間とを、粒子がつないでくれることを、日本人はスーラよりも、ライプニッツよりも早く長く知っていたのである。

（注1）　ミース・ファン・デル・ローエ(Mies van der Rohe)。ドイツの建築家。ル・コルビュジエとともに近代建築を開拓。鉄とガラスを大々的に用いた、単純で透明な建築で知られる。後にアメリカで活躍。一八八六〜一九六九。

2 石の美術館——切断の修復

石の美術館(2000)

この建築を設計するまでは、正直なところ、石という素材を建築に使う気にはならなかった。石という存在自体が嫌いであったわけではなく、石を建築に使う時の、その最近のやり方、いわば今どきの石の施工方法がまったく気に入らなかったのである。一九世紀以前はあんなやり方で、石を使ったりはしなかった。石は、基本的に、ひとつひとつ積み上げていくものであった。この施工方法は組積造《そせきぞう》（メーソンリー）と呼ばれ、西欧における建築の施工方法の基本は、この組積造であった。石が手にはいりにくい場所ではレンガを使うケース（たとえばオランダ）もあったが、ひとつひとつのピースを人間の手で積み上げていくという基本動作は変わらない。歴史をさかのぼっていけば、エジプトのピラミッドも、そのようにして石を積み上げて作ったものであるし、エジプト、ギリシャ、ローマ、中世、ルネサンスの西欧と、組積造は、建築の施工方法の中心の位置を、長きにわたって占めてきたのである（図10）。

社会のOSとしての建築

建築の施工方法とは、単なる工事の技術ではなく、その文化・文明の核心、あるいは今日風の別の言い方をすれば、社会のOS《オーエス》(オペレーティング・システム)そのものなのである。実は、その単純なことをいいたくて、この本を書いたともいえる。コンピューターであればどのOS(たとえばウィンドウズなのか、リナックスなのか)によってソフトウェアが書かれ、システムが動いているのか……。それと同じくらい大きく決定的な役割を、建築の施工方法は、社会の中で占めてきたのである。なぜなら、建築が人間と環境とをつないできたからである。人間というヤワで小さくて頼りないものと、その外部に存在する、大きくてあらあらしい環境の中間にあって、その両者をやさしくつなぐ働きを、建築がはたしてきたからである。その中間

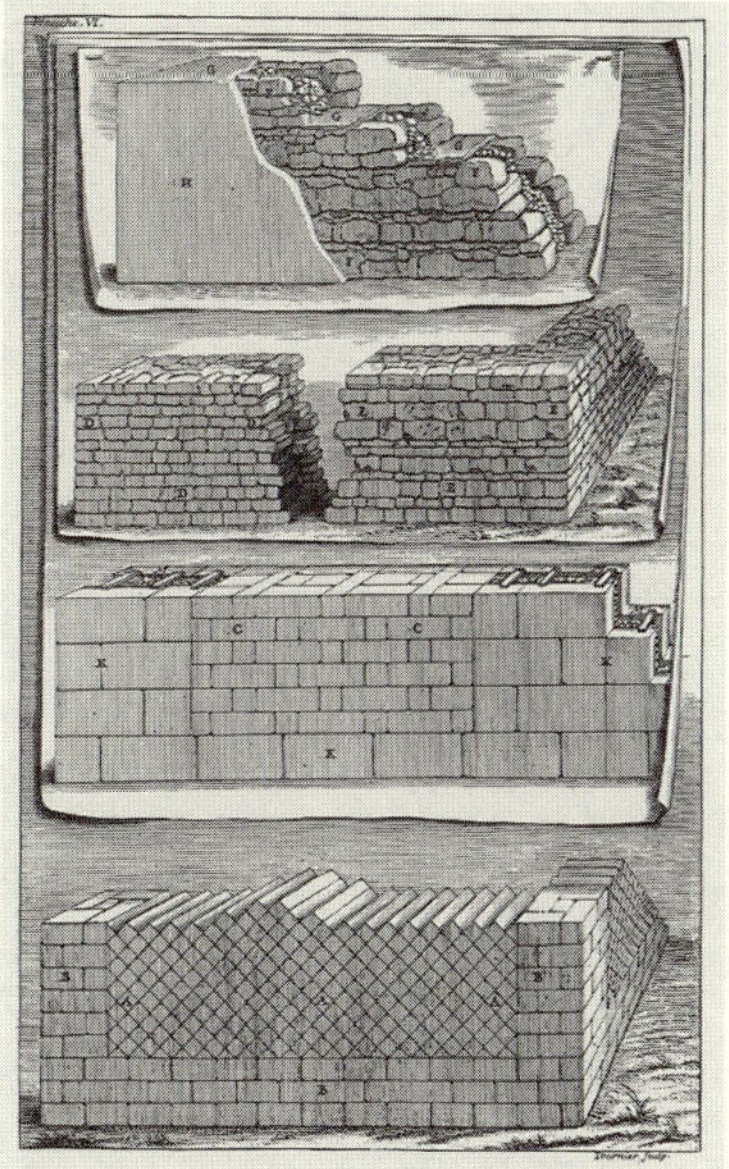

図10　ウィトルウィウス「建築書」(ローマ時代)にみられる組積造

になにをどう作って、人間と環境をどうつなぐかという問い。文化の本質は何か、この文明とはそもそも何だったのかという問いと、この問いとはほとんど同義である。その問いに対する答えがすなわち建築なのである。

こんな話をすると、建築が社会のOSであったのは昔の話で、今ではそれがコンピューターのOSにとってかわられたという声が聞こえてきそうだが、僕はそのように考えない。人間が身体という具体的な物質を持ち続ける限りにおいて、建築はOSとして機能し続ける。そのOSは様々なありようをとりうるし、衣服とか靴のような、極少のインターフェイスが、身体と環境とをつなぐこともあるが、それでも建築というOSが意味を失うわけではない。このOSを軽視すれば、身体は支えを失い、立つ場所を失い、不安定な空中をさまよわざるを得ない。だから三匹の子豚の童話には時代を超えた説得力がある。子豚がいかなる物質を用いて、環境とその身体をつなぐかは、その子豚の本質にかかわる。より正確にいえば、かかわるどころではなく、その家を構成する物質こそ、その子豚の本質なのである。

では、このOSにはどんなありようがあったのか。あるのか。西欧とは、石を積み上げることで人間と環境をつなぐ社会であり、文明であったと定義できる。石を積み上げる（組積造）という施工方法には、様々な側面がある。ひとつは、石という重くてかたい素材を積み上げていくということ。そのようにして、堅固な壁を作り、その重い壁を媒介にして人間と環境とをつなぐというのがひとつの側面である。

もうひとつは、石が、人間の手によって、ひとつひとつ積まれていくという側面である。人の手がていねいに積んでいくのである。石の壁はまさに石のように堅固でありながら、一方できわめてヒューマンな存在、人間の手と直結した存在でもあった。

コンクリートの堅固さと対比しながら、石の壁をもう一度眺めてほしい。石壁にはまず、ひとつひとつの石の単位というものが見えている。人間というヤワで弱い主体がひとつずつ積み上げることで、石ははじめて建築という全体に到達する。その決定的な制約条件が、その単位の小ささに反映している。大きすぎる石を人は扱うことができない。そのヒューマンな単位寸法があるおかげで、どんなに建築全体が大きくなったとしても、その大きな全体とわれわれの間を、石という単位の寸法が、仲介する。だから、どんなに大きな全体を前にしても、その全体のスケールや形態を判断するための糸口、きっかけが与えられ、恐怖感を抱かないですむ。逆にコンクリートの無気味さは、それが無限にぬめぬめとつながっていて、そのような仲介、とりつくシマがない点にある。先述の言い方を用いれば、組積造は、マッシブな重たい壁であると同時に、粒子としての側面をあわせ持っていた。コンクリートは粒子的ではなく、逆に、組積造は充分に粒子的だったのである。

さらに単位の実在は、西欧の世界に数学的な考え方を発達させる要因ともなった。最小の基本単位がなければ、数学は生まれない。単位としてどんな寸法を設定し、すなわち石をまずどんな大きさに切って基本単位とし、それをどう組み合わせれば、強く、美しい全体に到達できるのか。その試行錯誤がギリシャにおける数学的思考法の、特異ともいえる発達の鍵となったのである。

建築に限らず、ギリシャのあらゆるアートは、比例をすべての基本とした。組積造という方法論が、このような考え方を生み出したのであり、この考えは、その後の西欧のあらゆる美術を支配することにもなったのである。

このようにして「単位」をもとに、あるいはひとつの「粒子」をもとに、壁は強く美しく、積み上げられていくのである。あくまでも人間の手で積まれた石の壁は、取り壊したり手直ししようと思えば、再び人間の手で「単位」へと分解すればいい。レゴブロックのように簡単に壊せるわけではないが、コンクリートを壊す時のようなおおごとにはならない。西欧における建築の堅固さとは、一方でヒューマンな本質を持ち、人間の身体という限界によって制限されるべきものであった。少なくともコンクリートが出現する一九世紀までは。

ところが二〇世紀にいたって、この組積造的な社会システムが、完全に破壊されたのである。元凶はコンクリートであった。コンクリートも石のように、あるいは石以上に堅固である。その堅固さゆえに、この施工方法は世界を支配した。しかし、コンクリートには、組積造が有していたようなヒューマンな単位、人間との関係性というものが欠落していた。この新たに出現した、いかなる形にも造型可能で、何よりも堅固な構造体の上に、何かのお化粧を貼りつけるというやり方が、二〇世紀の一般的な建築の施工方法となったのである。そして、建築主が財力や権威を主張したい時、石がお化粧として貼られた。

その時の石の厚みは二センチでも充分であった。二センチの裏側を見透すような眼力は、人間にはないと、この施工方法はタカをくっていたのである。世界なんて、所詮は表面でしかない。人間には表面しか見えていないという世界観が、この施工方法の背後に控えていたのである。この人を馬鹿にしたような石の施工方法が僕は気に入らなかった。石という素材自体までもが嫌いになり、それを建築には使う気になれずにいたのである。依頼が舞い込んだ時も、そんな気分であった。

芦野石の米蔵

栃木県の那須町の芦野に、石の美術館を設計してもらえないだろうかという依頼が舞い込んだ時も、そんな気分であった。

「石……。でも僕に何かできるかなあ……」。なんとなく煮え切らないままに、東北新幹線で那須塩原の駅へと向かったのである。駅からさらに四〇分ほど車に乗ってたどりついた芦野という集落は、那須町という言葉から想像していた「高原のリゾート」というイメージとはかけ離れた場所であった。那須町全体の地理でいえば高原から降りきった西のはずれにあたるが、もともとは奥州街道の芦野の宿があった場所で、こちらの方がむしろ那須の中心ともいうべき賑いがあったそうである。芭蕉も「奥の細道」の旅の途中でこの宿に立ち寄り、「田一枚植えて立ち去る柳かな」の句を残している。この句に詠まれたといわれる遊行柳《ゆぎょうやなぎ》という名の巨大な柳と句碑が、田んぼの中にぽつんと立ってはいるが、往時の宿場のおもかげは消えうせてさびしい街並みであった。

依頼主の白井さんは、地元の小さな石屋さんであった。芦野石と呼ばれる灰色の安山岩を自分の山から切り出して、建材や墓石として売るという商売であるが、もともとは東京農大でランドスケープデザインを勉強したせいで、建築のデザインにも強い関心があり、僕に声を掛けてきたといういきさつであった。

彼に連れていかれたのは、旧宿場のはずれにある壊れかけた石蔵であった。大正期に建てられた米の蔵で、農協（JA）が長く使っていたが、わざわざそんな町中に倉庫を持たないでもいいだろうという話になって、空屋になっていたものを、白井さんは衝動買いした。

衝動買いができるぐらいであるから、捨てられていた米蔵はそれほど高価ではなかったものの、特に何かに使ってお金を生み出すというはっきりしたビジョンが白井さんにあったわけではない。自分が山から切り出しているのと同じ芦野石を積み上げて作った米蔵の空間に、単純に惚れ込んでしまった白井さんは、ここに少し手を加えて、芦野石でできた彫刻や工芸品を展示しようと考えた。この地元産の、セメントにみまがうような灰色をした地味な石を――実際この石は大理石や御影石のような「高級」さとはほど遠い地味さであった――なんとか、少しでも多くの人々に知ってもらいたいと、ぼそぼそと語りはじめたのである。

重い米蔵の空気の中であたりが暗くなるまで、ずっと話を聞いた。しかし、「よしそれでいきましょう」と明るい声をあげるわけにいかなかった。芦野石はいかにも地味であったし、米蔵の古びた感じは悪いものではないけれど、これといった特徴はなくて、それを目当てに人々が訪れてくるという明るいイメージが、いっこうに浮かばなかった。それに何より、僕には「石」という大問題があった。コンクリートの表面に薄い石をお化粧のように貼りつける二〇世紀流のやり方が嫌で、「石」自体をずっと遠ざけてきたのである。「ええ、ちょっと考えてみます……」という曖昧な返事をしただけで、暗い顔をして東京に戻ってきたのである。

奇妙な依頼

とはいっても、あきらめてしまったわけではない。白井さんの一言がずっとひっかかっていたのである。「予算は全然ないんですけど、うちの職人に、なんでも頼んでください。めんどくさいことでも、平気ですから」。通常の建築の現場で、こんなことをいわれるケースはまずない。予算がない現場はいくらでもある。しかし、職人に「なんでも」頼めたりする現場は、日本じゅうどこにもないのである。

現場で僕らが話す相手は、建設会社（ゼネコン）の社員である。所長とか主任という肩書きがついている。彼らが窓口になって、どんなディテールにするか、どんな製品や材料を使うのか、それで追加予算が必要かどうか……。技術の話もお金の話もすべて彼ら現場の管理職としなければならない。職人に直接聞いてみたいことがあっても、ゼネコンの人々はそれを絶対許さない。「この枠、もうちょっと細く見せたいんだけどこんな収まり、できないかなあ……」「その収まりに変更した時、工事費はアップになるの？　それとも同じで大丈夫？」直接職人と話して、とことん本音でつめたいことは山ほどあるのだが、ゼネコンの所長さんはそれを許さない。「窓口がひとつじゃないと、話がこんがらがっちゃいますから」。確かにそれも一理ある。しかし、所長と話してみても、話をする前から、あらかじめ彼らの答えは決まっている。「いまさら変更なんてできません。それでも変更しろとおっしゃるなら、一ヶ月工事が延びます。金額も大幅アップです。誰が責任とるんですか。誰がお金を払うんですか」。

大きな工事現場のぎちぎちのスケジュール、ぎちぎちの工事予算の中では、物を実際に作っている職人との直接のコミュニケーションは、まず不可能である。物作りの現場と、建築のデザイナーとは決定的に隔離されているのである。ひとたび現場がはじまってしまったら、工事契約を結んだ時の図面のまんまで、ひたすら竣工までつき進むしかないのである。

じゃあ工事がはじまる前に、しっかりとディテールをつめておけばいいじゃないかというと、実際にはそれも困難である。すでに工事開始前から、建築に関わる人達はひどく急いでいるのである。一日遅れれば、金利がいくら余計にかかる――。一二月にオープンしてクリスマス商戦に間に合わなければ、売上げがまったく見込めない――。この手の切迫した時間的制約の存在しないプロジェクトはほとんど存在しない。それが資本という存在の手下になりさがった今日の建築というものの宿命である。

そのプレッシャーの中で、物を実際に作る人達と四つに組んで、ゆっくりとディテールをつめるといった手間のかかる手続きを踏むのは、まず不可能である。「とりあえず、見積もれる図面を作れ」という強制的な号令のもと、使い古されたありものの標準ディテールを、パッチワークのように切り貼りして、着工予定日に向かってなだれ込むというのが、今日の設計の進め方なのである。「とりあえず、とりあえず」と叫びながら。ところが、ご想像の通り、工事がはじまれば、プロジェクトの進行スピードはさらに加速されるので、この「とりあえず」こそが、実は動かしようのない最終決定だったのである。「とりあえず」を繰り返してなんとか竣工に間に合わせ、竣工式のビールがさめる間もなく、できあがりをじっくり反省する間もなく、すでに次のプロジェクトが「とりあえず」はじまっているというのが、今日の建設の進め方の貧しすぎる風景である。そのなかで建築デザイナーと、建設の生々しくてどきどきするような現場とは、実は、一度も出会うことがない。コミュニケーションのとりようがない。コストとスケジュール以外に関心のない現場所長が、デザインと現場とを、かろうじてつなぐふりをしている。現場のスピードと規模の拡大とによって、デザインと現場との距離はいよいよ拡がっていくばかりなのである。

ところがこの那須のさびれた暗い石蔵の中で、白井さんは、職人さんとは自由にいくらでも直接話をしてくれというのである。自分にはお金はまったくないけれど、いつまでにオープンしてくれという時間的しばりも一切ないから、図面にも工事にも時間はたっぷり掛けてくれてかまわないというのである。これは、ひょっとしたら、何かになるかもしれない。何かができるかもしれない。東京の工事現場とはあまりにも違う状況が、こののんびりした芦野の里に作れそうな気がしたのである。

職人と向かい合う

白井さんとまず話し合って、白井石材の職人さん(長倉さんと藤沢さん)以外の手を、なるべくいれないで、建築を作ることにした。今日の建築というのは、一言でいえばアセンブリー産業になっている。コンクリート、鉄骨、サッシ、ガラス、タイル、空調……といったようないくつかの下請けに、どんな金額でどう発注し、いかにそれらの作業が重なる部分を調整し、管理するかが、ゼネコンの所長の腕の見せどころである。その仕事は建設というよりは、商社に近い。図面作業が「とりあえず」の切り貼り、アセンブリーの別名になったのと同様に、工事もまた、ペースト、アセンブリーへとなりはてたのである。建設業とは、具体的な物を作る産業ではなく、分業化された建設工事の断片をアセンブルするリアリティーのない産業へと、知らぬ間に変わりはてたのである。

しかし、白井さんと僕らが考えたのはまったく逆の方法である。長倉さん、藤沢さんは白井石材の社員だから、白井さんの気分としてはタダである。自分の山に埋もれている芦野石も、実質がどうであるかは別として、気分としてはタダである。そういう自分のすぐ近くにあるタダのもの達がもっている力を結集して、ものづくりができないかというところから、僕らは発想した。他の職種、コンクリートも鉄もガラスも、使うだけ他人にお金を払わなくてはならない。そういう他人のものはなるべく使わないで、建築を作れないだろうか。一種の原始的な直接性である。その直接性をベースにして、建築デザインそのものまでも、一気に組み直せないだろうかと考えはじめたのである。

これがうまくできれば、今日流の「表層的」な石の使い方に対する、最高のカウンターができるかもしれない。コンクリートで強い骨組みを作り、そこに薄い石を貼りつけるという形で、今日の「石の建築」は、ばらばらに分割されている。骨とお化粧という形で、決定的に分割されている。コンクリートを担当する業者は、強度を担当し、石を担当する業者は表層すなわちお化粧を担当するのである。そこには、人間には所詮表面しか見えないという、人間そのものへの蔑視がある。山から切り出した塊の石と、薄くスライスした二センチの厚さの石の、どこがどうちがうのかとうそぶきながら、せっせとお化粧が繰り返される。そして、物質は軽視され、石という物質に対する尊敬は日に日に失われていく。物質を軽視するのは、自然の軽視と同義である。そのように物質を軽視していながら、なおかつ石を貼れば高級に見えるだろう、石を貼ったマンションは高く売れるだろうと、物質の表層だけをちゃっかりと利用するところに、この現代的な施工方法のどうしようもない卑しさ、いやらしさが存在する。

組積造

僕らが考えたのは、施工における分割の否定である。しかし、それは単なる伝統への回帰ではない。昔はよかったという、のんびりした話ではない。ディズニーランドのハリボテ建築も、マンションの豪華石貼りロビーも、基本的にはそんなノスタルジーの感情にうまくとりいって、物質の表層だけをかすめとりながら、古き良き時代のにせものを、安価で安易に提供しているだけなのである。

物質の直接性を取り戻し、しかも、今という時代の空気を感じさせる、現代の建築ができないだろうか。物質と人間への尊敬を回復し、しかも、怠惰なノスタルジーにおちいることなく、現代的で今を感じさせる建築は可能だろうか。

そこで目をつけたのが、組積造という、石の最も原始的な積み方である。石を人間が持てる適切なサイズにカットし、それをひとつひとつ、人間の手で積み上げていくのが組積造と呼ばれる施工方法である。その方法は、石の論理だけで生み出されたわけでもなく、人間の施工の論理、生産のロジックだけで生み出されたものでもなく、石と人間との間に、どのような関係性が築きうるのかの試行錯誤の上に、長い時間をかけて生み出されたものである。エジプト、ギリシャ、ローマにはじまるヨーロッパという文明の全体は、この組積造というOSの上に組み上げられてきた。アジアやアフリカにもこのOSの影響力は広く及び、組積造こそが建築全体を支配する基準OSであることを、一時は誰も疑わなかった。レンガもレパートリーに加わったが、単位を積み上げて作る組積造であることには、石もレンガもかわりがなかった。

その建築の大基準に対して僕がずっと抱いてきた愛憎相半ばする感情を、具体的なディテールへと転換しようと考えたのである。この組積造というOSは「表層性」を遠ざけ、物質に直接的であれと命じる。その直接性を僕は「愛」する。にもかかわらず、この組積造で積み上げた壁は重すぎて、外部と室内とを分断し、切断してしまい、現代の流動的な生活にはなじまない。昔の建築は重厚でよかったという怠惰なノスタルジーと誤解とで、この貴重なOSが汚されているように感じられた。その部分が僕の組積造に対する「憎」である。なんとか、この由緒正しいOSに蹴たぐりをかけ、そこに漂う重たいノスタルジーから、このOSを救出できないだろうか。

透明な石の壁

積み上げられた厚い壁から、三分の一程度の個数を抜きとって、向こう側が見える透明な壁を作るという作業から、まずわれわれのOS救出の挑戦ははじまった。三分の二が残っていれば、壁の構造的な強度は保たれるというのが、構造エンジニアである中田捷夫さんと、実際に石を積む長倉さん、藤沢さん共通の意見であった。

透明にしたかったのにはわけがある。組積造というOSで数千年も走り続けてきたヨーロッパの建築は、一九世紀に転機を迎える。コンクリートと鉄という新しい素材の出現によって、巨大な開口部を作ることが可能となり、大きなガラスを窓にはめた、透明な建築が出現したのである。透明性は、建築の外側にあった自然と、建築の内側にいた人間との距離を縮めた。自然を身近に感じたいという感情が、建築の透明性を加速したのである。その結果、石やレンガは主役の座を追われ、コンクリート、鉄、ガラスが建築の主要材料となった。自然への願望が、石とレンガを駆逐してしまったのである。

この革命は、今日から振り返ってみれば、二つの対照的な顔をもっていた。透明性は確かに、自然を人間にとってより身近なものとした。しかしその一方で、コンクリート、鉄、ガラスという無機的な素材は、人間の身体をとり囲む容器にふさわしい、やわらかさ、温かさ、質感の豊かさを決定的に欠いていた。その欠落を補うために、コンクリートという骨格に石、木といった自然素材がお化粧として貼りつけられたのである。そんな形での

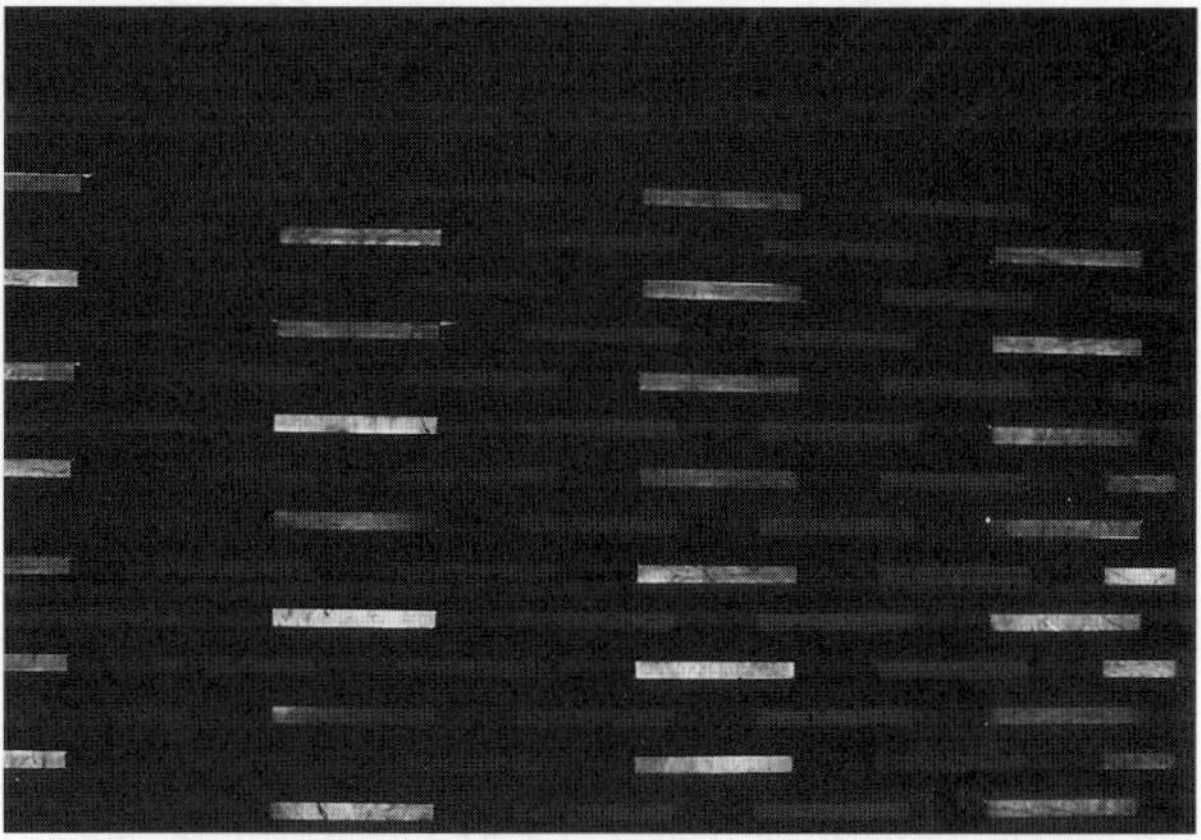

図 **11**　石の美術館，石を抜き取って積まれた組積造に薄い大理石をはめこんだディテール

「自然の復活」が、二〇世紀に一般化したのである。透明性は建築にとって、かつてないほどに魅力的であると同時に、人間と物質とが築きあげてきた美しい関係性を失わせるほどに、危険で大きな罠でもあったのである。

やさしい透明性は、ありえないのだろうか。もしそのようなものがありえたとしたら、充分に流動的でありながら、しかもやさしく温かい建築が生まれる。それこそが今という時代の求める建築なのではないだろうか。石の美術館で行った挑戦は、そのように要約できる。東京から遠く離れ、しかも驚くほどの低予算で、公的なサポートも一切期待できない道端の貧乏プロジェクトは、まったく似つかわしくない大志をいだいてスタートしたのである。

三分の一の石を抜き取っただけで、重かった壁は、突然軽やかに感じられた（図11）。埃にまみれて眠っていたＯＳが、孔をあけるという挑発で、突然、眼をさましてしまい、こちら側がびくっとした。孔からやわらかく光がはいりこんでくるだけではなく、思った以上に風が抜けてさわやかだった。予算の制約もあったし、使うエネルギーもミニマムにしたかったので、空調機械は極力使わず、孔はふさがずにそのままにして、風が抜けるにまかせた。どうしてもふさぎたい場所には、ガラスのかわりに、六ミリ厚に薄くスライスした大理石をはめこんだ。ガラスだとガラス屋から材料をわざわざ買ってこなければならないが、大理石の破片なら、白井さんの石工場のゴミ捨て場に、いくらでもころがっていたからである。薄い大理石を透かして差しこむ光は、障子の光のようにやわらかかったが、実はこの技法、ガラスがまだ高価であった古代ローマ時代の風呂の窓に用いられたものでもあった。極東の小さな町のささやかなプロジェクトが、古代ローマの豪壮な建築と、同一のディテールを共有するのも楽しかった。

三分の一のピースを抜き取る方法で組構造を透明化できるめどがついたところで、より透明な石の壁に挑戦してみたくなった。「石で格子みたいなものが、できないかなあ……」とまず、小声で長倉さん達につぶやいてみた。小声にしたのは、正直、まるで自信がなかったからである。格子といえば木や金属で作るのがあたりまえで、石で格子などというディテールは、今までどこでも見たことがなかったからである。「冗談いっちゃ困りますよ……」みたいな冷たい声色が返ってきたら、すぐ提案をひっこめようと思っていた。ところが、予想に反し「わけないよ」という明るい返事が、すぐさま返ってきたのである。石はどのくらいの太さで、どの長さに切るのが適当か。石の実物を前にして、みなで議論した。ちゃんとした図面を作ってから、「このディテールでできますか」とあらたまって聞くと、時間はかかるし、聞かれる方も構えてしまって、創造的な議論にはならない。顔と顔をつき合わせて、目の前のメモ用紙に、ちびた鉛筆で、お互いにスケッチを描き重

図 **12**　石の美術館，石の格子のディテール

ねるスタイルが、実は一番効率的なのである。その結果たどりついたのは、四センチ×一五センチの断面形状で、長さが一・五メートルの棒状の石で格子を作るという結論だった（図12）。その寸法ならば、鉄板のサポートをいれなくても、石だけで、木の格子のように軽やかなものが作れそうなのである。「じゃあ、今、それ作ってみよう」。さっそく、長倉さん達は工場——といっても実は白井さんの自宅の庭なのだが——でモックアップの製作にとりかかった。

モックアップによる検証

モックアップというのは実際と同じ材料で作った原寸模型のことであり、建築のできあがりを確認するための最終手段として、われわれの事務所では、やたらにモックアップを作る。

建築が、実際に、どんな感じにできあがるのかをチェックする手段は色々ある。今日、最も一般的なやり方は、コンピューターでまず三次元の透視図を描く。微妙なテクスチャーの再現テクニックや光のいれ方のシミュレーションテクノロジーも進歩して、かなりのリアリティーはある。しかし、それでも、なにかもの足りない。そこで、次の段階としては模型を作る。きれいに作る必要はないし、リアルなテクスチャーが貼りつけてある必要もない。それでも、そこに三次元のナマの物体があるだけで、自分の身体を、そこに代入することができる。その物体の前の歩道を、歩きまわりながら、その建築の形態をチェックしている気にもなれる。建築の中にはいりこんで、空を見上げたり、窓から庭を眺めている気持ちにすらなれる。二次元のコンピューターグラフィックスの中には、どんなによく描けていても、逆に描けていれば描けているほど没入していけない。生の身体を代入できないのである。

しかし、模型でもまだ不安がのこる。なにか、決定的なものがその模型には欠けている気がするのである。建築の形はチェックできるが、建築の「物質」は、模型ではチェックできないからである。同じ形態をしていても、それが石でできているのか、木でできているのかでは、まるで印象が異なる。木といっても、杉、松、ヒノキといろいろあるわけだし、縦ばり、横ばり、板の巾、目地の巾、板の端部がピンカド(シャープな九〇度のカド)か、面がとってある(カドを切り落として、鋭さをやわらげてある)かによって、その物質が人間に与える印象はまるで異なる。

最も似ているのは料理だろう。石にしますか、木にしますかというのは、料理でいえば肉にしますか、野菜にしますかと聞く程度の、粗っぽい選択なのである。ところが、今日の建設業界で普通行われている「とりあえず見積もれる図面を作れ」という号令の下での「とりあえず」システムでは、「肉か野菜か」以上の細かいスペックを図面で指定する余裕は与えられない。とりあえず肉か野菜かだけを図面に書きこんでおいて見積もりをとり、現場になだれこむのである。いざ現場がはじまってから、「イベリコの豚をこんな形にこげ目をいれて……」みたいな実際的なスペックを建築家がいいだそうものなら、例の「工事費はアップです。工期はまにあいません。誰が責任をとるんですか」というゼネコンの現場所長の一喝を浴びせられて、やむなく冷凍のすかすかのブロイラーを食べさせられるはめになるのである。「とりあえず」の図面では、そんなすかすかのものしかスペックのしようがないのである。「肉」ととりあえずスペックしたならば、最低の肉を食べる以外の選択肢は残されていないのである。

その手のブロイラー建築で街や田園が埋めつくされるような悲劇的事態をさけようと思うなら、設計開始後なるべく早い時期に、モックアップを作りはじめなければならない。通常の設計プロセスだと、まず建物の配置を決定し、平面(間取り)を決め、断面を決めて、構造計算を開始し、空調、給排水などの設備設計がはじまり、最後の最後に仕上げ材料が

「肉か野菜か」みたいな形で決められる。その時はスケジュールとの格闘でほとんど頭が真っ白な時だから、「肉か野菜」かを決めるだけで精一杯である。モックアップをじっくりと作って検証する時間の余裕があるプロジェクトは、今まず存在しない。かくして、すかすかのブロイラースペックで都市は埋め尽くされ、都市の悲劇は加速する。

ディテールとの対話

そんな悲しく貧しい「とりあえず」システムを避けるには、設計の順序を完全に逆転することである。設計をはじめる頃、すなわち建築の大ざっぱな配置を考えはじめると同時に、この建築は、どんな物質に、どんなディテールを与えて作ればよいかを、モックアップを使って具体的にスタディーするのが僕らのやり方である。設計の一番最初の時に、最後のディテールを考えはじめるのである。

もちろんディテールは一発では決まらない。実物で、原寸で作ってみると、様々な発見がある。「えっ、石で作ったらこんな感じになっちゃうの……」「本当に、これで図面の通りなの……」みたいな驚きの連続である。同じ物質でも、ディテールが僅かに違えば、印象は大きく異なるし、同じディテールでも、石の種類が少し違うだけで、まるで違ったものに感じられる。物質とは、まったく生き物なのである。というより、正確にいえば、われわれがやわな生き物なので、物質の微妙な差に対して、過敏に反応してしまうのである。はっきりしているのは、生き物であるわれわれは、モックアップという現物を前にして、はじめて、反応を開始するという事実である。身体は図面に対しては反応しない。だから、なるべく早くモックアップとの対話を開始しなければならない。

その濃密な、身体と物との対話作業のあとに、平面、断面、配置計画を始めるのである。木の建築が望む平面計画と、コンクリートが望む平面計画は、まったく違っていてもおかしくはない。むしろ違わなければ、おかしいのである。平面が最初に決まって、最後に材料がうわべのお化粧のように決まるという設計の順序では、物質は、まったくもってうかばれないのである。まず身体を使って物質と向かいあって、それから手や頭を使って考えはじめなくてはいけない。すべては物質という具体的なナマモノから始まるのである。

そのようなわけで、石の美術館でもさっそく、白井さんの庭で、石の格子のモックアップを作りはじめた。木の格子ならば、木の棒状のものを、木の枠に取り付ければいいのだが、石でできた格子は、はたして何にどう取り付ければいいのだろうか。長倉さん達のアイデアは、予測もしていないものだった。「石の柱を作って、そこにはめりゃいい」「はめるっていっても、どうやって?」「石の柱にきざみをいれりゃいい」。そうつぶやきながら、長倉さんは、柱の形の細長い石に、のみだけを使って、奇跡のような手際のよさできざみをいれはじめたのである。そのきざみに四センチ×一五センチの断面形状の石の棒をさし込んでいくと、みるみるうちに、見事に繊細な石の格子が姿をあらわした。「でも、この柱は、高さが三メートルにもなるんだから地震がきたら割れるかもしれないなあ」。今度は、こちらが考える番である。「H型鋼の柱をまず立てて、石の柱をはめ込めばいいじゃないか(H型鋼とは、断面がHの字の形をした、丈夫な鉄の柱である)。添え木みたいな感じでさ……」(図13)。こんなやり取りを繰り返しながら、目の前でモックアップがどんどん立ち上がってくるのである。

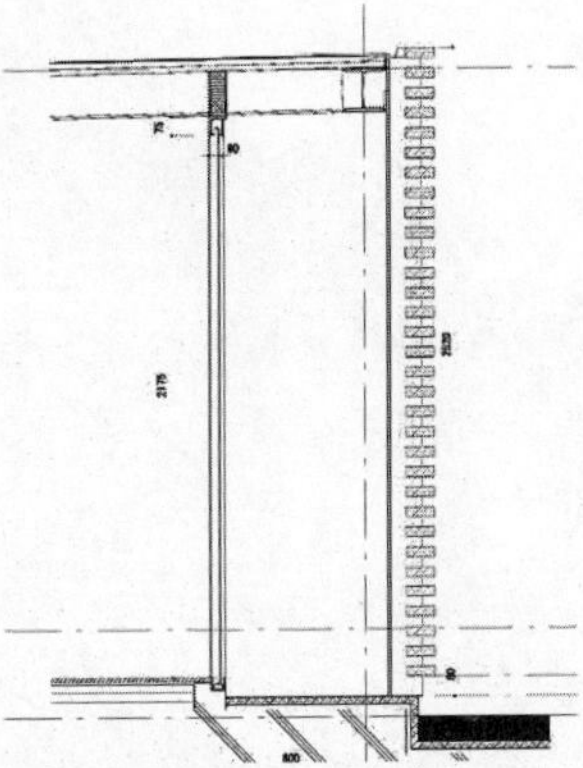

図13　石の美術館，石の格子の断面詳細図

「透明な組積造」「石の格子」という二つの基本ディテールは、長倉さん達との、このようなプロセスを経て生み出されたのである。石のように重たい素材を使っても、どうやら透明性が

図 **14**　石の美術館，全景

実現できそうだという目安がついたところで、はじめて配置計画にとりかかった。大正時代に建った三つの石の米蔵が敷地には残っている。その三つをうまく残しながら、透明な石の壁をその重たい箱の間に挿入していく。すると、古いものと新しいものが融けあい始め、有機的に結合するかもしれない(図14)。

古い蔵の保存プロジェクトの場合、建築家がよくやるのは、ガラスや鉄のようなモダンな素材と、古い建築を組み合わせる方法である。このやり方だと新

図15　石の美術館，壁のグラデーション

旧の対比がきつくなりすぎると僕は感じた。二〇世紀の建築家は、コントラストがお好みで、コントラストによって、自らの「新しさ」を主張しようとした。「新しさ」に決定的な意味があった。

今回はコントラストでなくて、グラデーションでいこうと考えた。モックアップで確認した「透明な石の壁」の方法を組み合わせながら、古い蔵も、新しいディテールの透明な壁も、どちらも芦野石という同じ石で作れば、新旧のシャープなコントラストというよりは、古いものから新しいものへと、ゆるやかでゆったりとした変化を作り出すことができる（図15）。それは旧から新へのグラデーションであると同時に、重たいものから軽いものへのグラデーションであり、暗から明へのグラデーションでもある。コントラストという野蛮な方法の代わりに、グラデーションというおだやかな方法を用いたのである。グラフィックデザイナーの原研哉は、「隈の建築は小数点の建築だ」といっている。0か1か、あるいは1の次が2になってしまう建築ではなくて、1.2376……みたいな建築を僕が作ろうとしている、と見抜いた。そのグラデーションの手法を駆使すれば、このプロジェクトをその外側の、芦野の里の少しのんびりとして、少しくすんだ環境に対して、ゆるやかにつなげられるかもしれない。対比は、結局環境を壊す。グラデーションは古いものも、新しいものもすべてを認め、すべてを許す。グラデーションは環境を修復する。

切断の修復

この手法がここでうまくいけば、グラデーションという手法で、モダニズムの建築デザインの基本である「切断」という手法を乗り越えられるのではないか。そんなふうに頭が

図**16**　ル・コルビュジエ／サヴォア邸(1931)

どんどん回転しはじめたのである。因習的で古めかしい伝統的なデザインを否定するのが、二〇世紀初頭のモダニズムの至上命令であった。それゆえすべてにおいてモダニズムは「切断」を重要視し、切断によって生まれるシャープな切り口を、なによりも大事にした。典型的なのはル・コルビュジエが提唱した、ピロティという手法である。細い柱によって建築を大地から持ち上げて、環境から切断された白く輝く浮遊するオブジェを作ることが、彼のデザインの目標であった(図16)。切断は「作家」という概念とも対応していた。オブジェが、環境から分節されていれば、されているほど、そのオブジェをデザインした「作家」という存在は強く突出するのである。たしかに、彼の代表作のサヴォア邸のように、ひとつの美しいオブジェが浮遊している姿は美しいかもしれない。しかし、あらゆる「作家」がよってたかって「切断」を試みたら、環境はいったい、どうなってしまうのだろうか。それこそ環境はズタズタに切り裂かれる。それが二〇世紀末の地球を覆った状況であった。

グラデーションという手法は、切断されてズタズタに切り裂かれた環境を、修復するための、ひとつの助けになるかもしれない。石の格子は、そんな大きな目的とつながっている。そう考えると、石の格子のディテールの検討にも力がはいった。この格子がうまくできれば、環境を修復する道が開けるかもしれない。

低予算という制約条件がなかったら、グラデーションなどという発想には到達しなかっただろう。高価なガラスを多用して、透明なガラス壁と石とを組み合わせて美しいコントラストを作るという誘惑に、簡単に屈服していたかもしれない。予算が厳しかったからこそ、他業種には発注しないで、自分の山のタダの芦野石、自分の家のタダの職人さんだけでなんとかやりたいという白井さんのつぶやきが、グラデーションの手法を生んだのである。グラデーションで切断を修復するという、大きな展開へと育ったのである。制約は母である。制約からすべてが生まれる。そして自然とは、制約の別名である。

3 ちょっ蔵広場――大地と融けあう建築

ちょっ蔵広場(2006)

きっかけは「石の美術館」だった。高根沢町は宇都宮の北隣りで、「石の美術館」の建つ芦野の里からそう遠くはない。高根沢町長の高橋克法さんが「石の美術館」を訪れて、その空気感を気に入った。自分の町の宝積寺《ほうしゃくじ》駅前にも古い石蔵があって、あんな形で再利用できないだろうかというところから、話がはじまった。

駅の東側に、石蔵は三つたっていた。この東口というところが問題で、東北線沿線は西風が強く、かつて蒸気機関車の煙は東に向かって流れ、その結果、駅の東口には人があまり住まず、駅の正面はきまって西口で、東は裏であった。宝積寺駅も東は閉じていて、石蔵が三つ放置されていた。機関車も走らなくなって久しく、東口をなんとかしようとした時、高橋さんはその捨てられていた石蔵に目をつけたのである。

大谷石の蔵

石蔵は大谷石《おおやいし》を積んだものだった。栃木県は石蔵の県といってもいいほどに、石で蔵を作るのが盛んで、しかも宇都宮周辺は大谷石、那須の周辺は芦野石というように、くっき

図17　ライト／旧帝国ホテル(1922)

りと色分けされている。高橋さんから呼び出され、高根沢の大谷石の蔵に入ると、さっと空気が変わった。

暗闇の中で、風化した大谷石の表面をじっと見入っているうちに、ある人の顔が浮かんできた。フランク・ロイド・ライトである。旧帝国ホテル(一九二二、図17)の設計をまかされた時、なぜ彼はこんな大谷石を選んだのだろうか。こんなといっては語弊があるが、それほどにこの石は建築の素材として、欠点だらけである。表面には小さな孔が無数にあいていて汚れやすいし、そもそもやわらかくて、石としてはひどく弱く、かどが欠けやすい。おまけに土がそのまま残ってしまったような、ミソと呼ばれる茶色のシミも散らばっている。

帝国ホテルの設計をはじめるにあたって、ライトは日本でとれる石を現場に並べさせた。強度のある花崗岩でも、美しいパターンのはいった大理石でもなく、多くの石の中から、よりによってこの「奇妙な石」を手にとった時、その場にいあわせた人は顔を見合わせ、困惑した。なぜ彼はよりによって、この孔だらけの弱い石を手にとったのだろうか。

孔に秘密があった。彼がデザインした帝国ホテルの外壁は、この大谷石とタイルの組み合わせで作られている。常滑の工場で、その褐色のタイルを焼く時も、彼はタイルに無数の縦ジマを刻むように命じた。このシマ自体がひとつの孔である。みがきあげられたように平滑な表面を持つタイルを見て、これは強すぎると彼は感じた。僕もしばしば、同じように感じる。特に大谷石の弱さ、脆さと並べてみた時に、タイルのツルツルとした表面は、硬すぎるし、強すぎる。孔は物質を弱くし、やさしくし、環境と物質とを、ひとつに融かすような働きをする。

しかも帝国ホテルのスクラッチタイルと呼ばれるタイルにつけられた縦ジマは、型押しの技法でつけられたのではなく、釘のようなとがったものを使って、焼く前のやわらかいタイルを実際にひっかいて（スクラッチ）つけたものである。一本一本のシマの形状が微妙にばらついていて、余計に環境となじむ。建築はきれいに作りすぎてはいけない。ばらつきが、建築と自然を結びつける。

ライトはオーガニック(有機的)な建築を唱えた。長く空中に飛び出した庇によって、室内と室外を融かしあう方法が、ライトの有機的建築の大きな特徴である。彼はル・コルビュジエ流のコンクリートボックスの無機性を批判し、そのかわりに、深い影を作り出す長く美しい庇をデザインした。庇の作る影の下で、外部と内部が融けあうのである。彼はさらに、建築を構成するもっと小さなスケールの要素を利用することで、建築と自然とが融けあう方法を探った。大谷石やスクラッチタイルを通じて、物質と空気とが相互に融け出し、混じりあう方法を追求していたのである。

スクラッチタイル

縦ジマという「孔」のあいたスクラッチタイルは、本郷の東京大学の建築群の外壁に大量に使われた(図18)。ライトの帝国ホテルが完成直後の関東大震災でびくともしなかったのは有名な話であるが、その関東大震災直後の建築業界は、資材不足で大混乱に陥った。当時、東大キャンパスを設計していた内田祥三《よしかず》は、同質のタイルを同時に供給するのが不可能であることを知った。ライト流のスクラッチをほどこすと、色が不揃いのタイルでも、

図 **18**　東京大学(本郷)外壁のスクラッチタイル

不思議とお互いがなじんで見えることを発見し、東大キャンパスをスクラッチタイルで覆ったのである。

よくよく目をこらすと、東大の外壁に使われたスクラッチタイルの色は、驚くほどにまちまちでにぎやかでさえある。それがなぜうるさくないのか。秘密は孔にあった。孔はタイルの表面に無数に影を作る。ばらばらなタイルの色に、すべて影の色が重なって調子を整える。影の色は、建築を取り囲む環境の色である。空気の色といってもいい。建築にうまく影を作ってやると、建築の各部分の調子が揃うだけではなく、建築と環境との間のトーンも揃って、建築が環境に融けていく。自然と建築がいっしょになって、影を作るのである。ライトも内田祥三も、その影の効果、孔の効果に気づいて、タイルに無数の孔をきざんだのである。

しかも孔は物質の奥行きを、われわれに見せてくれる。孔がなければ、われわれは物質を正面からしか見ることができない。物質を薄っぺらなテクスチャーとしてしか見ることができない。しかし、孔があることで物質の奥行き、深さを感じることができる。孔があることによって、物質がコンピューターでスキャン可能なテクスチャーから、転送不可能な具体性、固有性へ、すなわち存在へと転換される。物質をテクスチャーから存在へと転換するために、孔は存在する。格子やルーバーが孔を作り、スクラッチタイルが孔を作る。

石と鉄の織物

宝積寺の蔵を改修する「ちょっ蔵《くら》広場」のプロジェクトは孔の建築である。孔をテーマにして、大谷石を考え直そうと思った。ライトが選んだ大谷石を見直そうと思った。大谷石はただでさえ、無数に孔のあいた石である。しかし、普通にコンクリートの上にこの石を薄く切って貼りつけたならば、この石の孔はどこかに消えてしまう。ライトが帝国ホテルで、この石の上に様々な線や孔をきざんだのも、同じ動機だったのではないか(図19)。

図 **19**　ライト／旧帝国ホテル，大谷石とテラコッタが作る壁面の孔

ライトは、無数のノミによって、石に無数の孔をあけ、石の深さを感じさせたのである。それらの孔を、装飾という余分な存在として一括して否定するところに、モダニズムの貧しさがあった。この孔だらけの石に、さらに大きな孔をあけることはできないだろうか。ライトよりももっと深くてするどい孔を。ちょっ蔵広場のユニークなディテールはそのようにして誕生したのである。

われわれがたどりついたのは、大谷石と鉄板とを組み合わせて、ひとつの織物を作るというアイデアであった。コンクリートの上に石を貼りつけるのではなく、縦糸と横糸とを織りあげるように、石と鉄板とを織るのである。石と鉄板とは粗く織られていて、構造エンジニアの新谷眞人さんから、石と鉄板の両方が本当の織物のように、二つで力を合わせて建築を支えられるはずだ、という心強いアドバイスをもらった。そのすき間から光が抜け、風が通る。このすき間がすなわち、孔であった。織物とは、結局、孔なのである。孔のない織物はない。だから織物は身体を癒し、人を癒すのである。孔のおかげである。

と、ここまで考えるのは楽なのだが、いざ実現となると、このディテールは今までわれわれがトライしたディテールの中でも、最も難易度が高い、記念碑的なものとなった。鉄板の上に薄い石を貼りつけたら、コンクリートに石を貼りつけただけの、今風の、僕が最も嫌うやり方と同じになる。鉄板の間に、厚みのある石の塊をそのままはめこんでしまって、鉄板と石との両方で、壁を支えるというのが、われわれの描いた理想のディテールであった。石を積み上げて壁を支える組積造という考え方と、鉄の骨組みで壁を支える鉄骨構造とを混ぜ合わせた考え方である。

そんな「不純」なやり方で、地震にも耐える強い壁ができるのかと思う人がいるかもしれないが、建築の構造に純粋というものはないし、自然にも純粋というものは存在しない。人間がかってに「組積造」とか「鉄骨フレーム構造」という人為的で純粋な図式にあてはめて、略式の計算をし、仮に「大丈夫」といっているだけに過ぎない。純粋とは、そのような略式な計算の別名である。実際に地震が来たならば、図式が支えてくれるわけではなく、不純きわまりない物質が、図式では解明不能の複雑な力を伝達しながら、結果として地震に持ちこたえているわけである。そのようにして、不純な物達が世界を構成し、世界を支えているのである。その意味で、自然とはまったく不純なものである。この不純きわまりなく見えていた挙動も、近年ではコンピューターが、かつてのような単純すぎる図式に頼らずに、複雑さを複雑そのままに解析してくれるようになった。その最新の解析技術を頼りにして、鉄と石の混じった「不純」な構造体の設計が可能となったのである。

計算の方はなんとかなったが、実際の施工の難易度はそれどころではない。厚さ六ミリの鉄板で菱形を重ねていったようなメッシュを作り、そのすき間に石をはめ込むというのが、最も合理的であると、計算は教えてくれた(図20)。しかし、先に鉄でメッシュを作って、それから石をはめこむ施工法だと、鉄から石にうまく力が伝わらない。最終的にたどりついたのは、曲げた鉄の板の上に石をのせてしっかりと固定し、その上に蓋をするように、もう一枚の鉄の板をのせ、下の鉄と上の鉄を熔接し、そのまた上に石をのせることを繰り返すという、気の遠くなるように手のかかる施工方法であった。

このやり方だと、石屋さんと鉄屋さんとが、交互に仕事をしなければならない。お互い

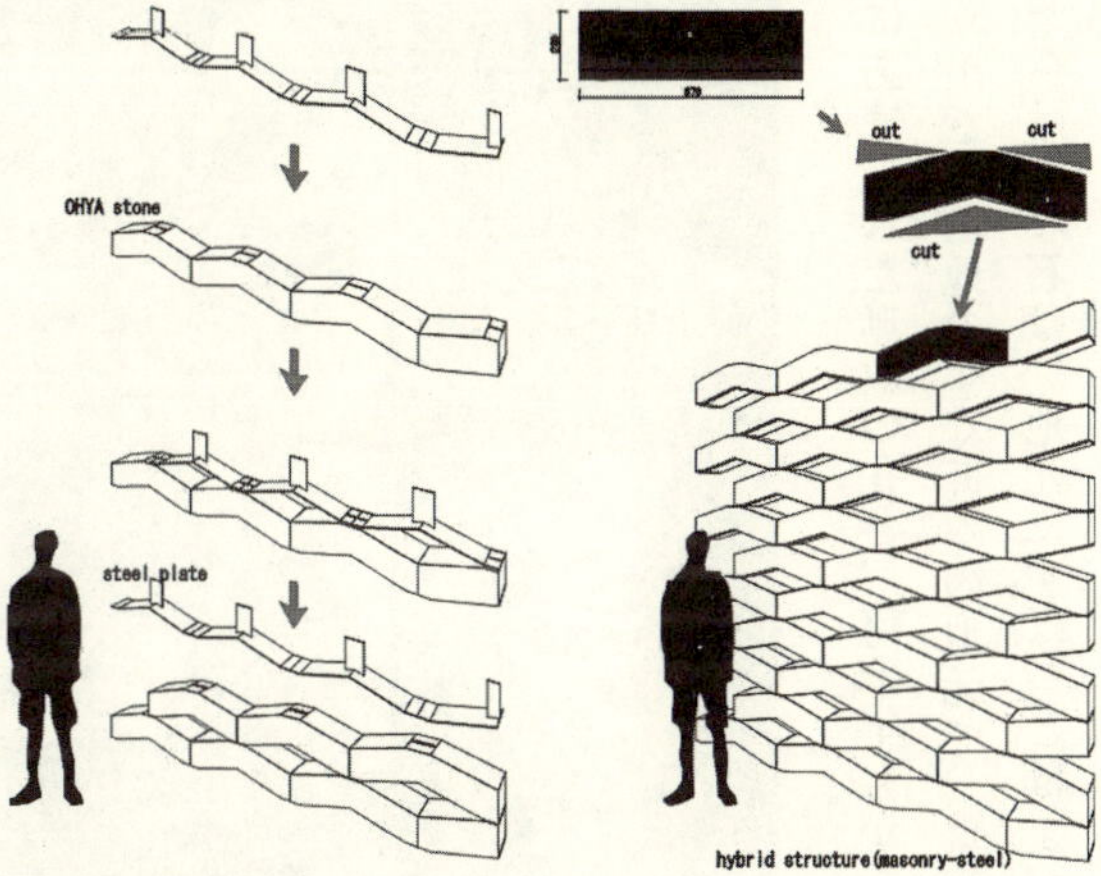

図**20**　ちょっ蔵広場の大谷石のディテール．菱形鉄板に石をはめ込み，孔を作る

こんな面倒なやり方はない。しかしこの面倒な方法を発見したことで、強度があり、ハリボテではなく、しかも無数に孔のあいた石と鉄の混合壁が完成したのである。考えてみればこれは鉄と石との織物そのものであった。縦糸と横糸とを交互に一本ずつ織りこんでいってはじめて、緊結されて、地震によってもほぐれることのない織物が完成するように、ここでは石と鉄とをほぐれないように織り込んだのである。織物が強くあるためには、縦糸と横糸とは、このようにひとつずつ順番に、織り込まれていくのである。

古い三つの石蔵のうちのひとつを残

図 **21**　ちょっ蔵広場，大谷石と鉄板の壁

し、その一枚の壁を、この「不純」な壁を用いてやりかえた（図21）。残りの二つの蔵は一旦解体し、いい具合に年季のはいった蔵の大谷石を再加工し、鉄板と組みあわせた（本章扉写真は新築棟のひとつ）。孔は光や風を通すだけでなく、建築にやさしさと親しみを与える。石だけを積んだ重たい壁は、倉庫や教会にはいいかもしれないが、田んぼの中の小さな駅の、駅前広場には少し重すぎる。

壁にあけられた無数の孔と、何十年もかかってついた見事な汚れとが共振した。大谷石は切り出された地のすぐ近くの地元で、見事にその「すきだらけ」の本領を発揮した。「すきだらけ」な石は、地元にずぼっとはまって、素敵な風がその隙間を流れている。

4　広重美術館——ライトと印象派と重層的空間

那珂川町馬頭広重美術館(2000)

栃木県にどうして安藤広重の美術館なのだろうと、不思議に思う人もいるかもしれない。きっかけは、一九九五年の阪神大震災だった。神戸の青木家のお蔵が地震で全壊した。そのがれきの中から、八〇点に及ぶ広重の肉筆画が発見されたところから、このストーリーは始まる。莫大な数にのぼる広重作品はすべて、実業家青木藤作さんが明治時代に収集したものであった。お孫さんの青木久子さんが、青木家の出身地に近い馬頭《ばとう》町(現、栃木県那珂川町馬頭)に、全作品を寄附したいと申し出、馬頭町の白寄町長が、その貴重なコレクションを収めるための美術館を用意することを約束したのである。

建築設計コンペの通知があって、敷地を訪れた時、片隅に立つ旧専売公社の木造のタバコ倉庫に、目が釘付けになってしまった。ほとんど朽ちかけてはいたが、敷地の裏の里山の、長い人間とのつきあいによって成熟したような林の質感と、この朽ちかけた木造建築とは、なんともいえず、なじんでいたのである。特に外壁の風化した杉板と、裏山の杉林の相性がすばらしかった。このあたりは八溝《やみぞ》山地と呼びならわされ、良質の八溝杉を産する。その八溝杉を貼った外壁が、山の景観に映えてみえるのは、子と母とが相性のいいようなもので、考えてみれば当然のことかもしれない。

あの裏山の杉林のような建築を作りたい。それが僕らの出発点であった。当然材料は杉が中心になる。もちろん、杉で作れば杉林のような建築ができるわけではない。あの林の中の空気の質感、光の状態にあこがれたのである。まっすぐに空へと伸びる杉の木が、無数に重なり合い、いくつもの空間的レイヤーが重層するあの林の状態を、そのまま建築にうつしかえてみたいと思ったのである。

広重の雨

もちろん、その杉林のアイデアは、広重の創造した浮世絵の世界とも深く関わっていた。広重と聞いて、さっと頭に浮かんだのは「名所江戸百景」のシリーズの中の「大はしあたけの夕立」(図22)と、「東海道五拾三次」(保永堂版)の「庄野」(図23)である。どちらでもまず目をひくのは、まっすぐな線で描かれた雨である。「大はしあたけの夕立」では雨が絵画空間の中でひとつのレイヤーを構成し、そのレイヤーの裏に「大はし」が重なり、さらに川面、対岸と、いくつものレイヤーが重なりあって、異様なほどに豊かな空間の奥行きを、その小さな二次元の枠の中に出現させるのである。「庄野」のレイヤー構成はもっと露骨

図 **22**　広重／大はしあたけの夕立．
名所江戸百景より

で、雨が作り出す手前のレイヤーの裏に、林が、三つのレイヤーを構成するように、徐々に色を薄く、淡くしていきながら、コピーマシンでも使ったようにして、反復して刷り出されるのである。

ここにあるのは、西洋の透視図法とは対照的な、日本流の空間の奥行き表現であると、美術史家は指摘する。古代ギリシャの舞台美術に端を発し、ルネサンスに開花して、西欧絵画の根幹のテクニックとなった透視図法という技法は、広重の木版の中には存在しない。遠くのものは小さくなるという透視図法のルールは適用されることがなく、「庄野」の林のように、遠くにあるはずのものでさえ、同じ寸法で反復される。にもかか

図 **23**　広重／庄野．保永堂版東海道五拾三次より

わらず、そこには透明なものの重層という全く別の手法によって、豊かな奥行きが突然に出現する。

その技法の差は、単に絵画のテクニックにとどまる問題ではなく、それぞれの文化の根底に関わる深い問題をはらんでいると、美術史家——たとえばパノフスキー——は指摘する。すなわち透視図法というテクニックそれ自体が、シンボリックでモニュメンタルな建築物を要請するというのである。確かに、遠方の一点から発する放射状の描線は透視図法に固有であり(図24)、この放射状の線は、画面の中心に置かれたオブジェクトのシンボル性を、一層強化し固定する効果があった。モニュメンタルな建築は透視図法によって描かれることで、一層モニ

図**24**　フランチェスコ・ディ・ジョルジオ／ある理想都市の広場と街路(15世紀)

ユメンタルなものとして認識され、透視図法はモニュメンタリティーへの指向性を加速するのである。モニュメンタリティーが西欧の古典主義建築の中心概念であるとするならば、透視図法と古典主義建築は切っても切れない。

逆に、非透視図法的な日本の絵画空間は、モニュメンタリティーとは対照的な原理を有する日本の伝統的建築空間と、一体なのである。建築とはすなわちモニュメントであると、一般には考えられている。しかしモニュメンタリティーの否定を目的とする、反転した建築的伝統が、この極東の島に存在していた。環境から突出した目立つ建築を作りたいというモニュメンタリティーへの指向が、結果として、殺伐とした環境を招いたのだとしたら、アンチ・モニュメンタリティーを基本とする浮世絵的方法によって、この破壊された環境を救い出せるかもしれない。

図 **25**　広重美術館，雨のような屋根と壁のルーバー

さらに雨を直線群で表現するそのテクニックは、西欧の絵画からみればきわめて異例、異質であると、絵画の専門家は指摘する。雨、霧、雲などの自然現象を直線で表現する伝統は、西欧の絵画には存在しなかった。直線とは人工物の属性であると見なされ、自然に所属する現象を、直線で表現することはなかった。一九世紀イギリスの風景画家ターナー、コンスタブルによって自然現象が絵画の世界に持ち込まれたといわれる。しかし、彼らは決して、雨や霧を直

線で表現したりはしない。彼らにとっての自然とはあくまでも曖昧で、境界のない、もやもやとしたものであった。しかし広重をはじめとする日本美術では、しばしば雨は直線を用いて表現された。そこに、自然と人工との境界に対する、日本的な定義、すなわち自然と人工とを対立する現象とはとらえず、両者を連続したものと見なす日本的な自然観を見ることができると、美術史家は指摘する。そのような自然と人工物との連続性を、具体的な建築の中で表現すること。その作業の結果が、広重美術館を覆いつくす雨のようなルーバーであった(図25)。

ライトと浮世絵

日本の絵画的伝統の中心に存在する透明性、重層性、そして自然と人工との融合。その意味で広重はとりわけ日本的な作家である。そして広重に内在するこの空間的特性に強く反応し、その西欧との異質性に大きな可能性を見出した一人の建築家がいる。彼の名はフランク・ロイド・ライト、例の旧帝国ホテルの設計者である。

「浮世絵の占める位置は想像されているものよりはるかに大きい。もし私の教育の中に浮世絵がなかったらどのような方向に向かっていたかわからない」(『ライト自伝――ある芸術の形成』樋口清訳、中央公論出版）と、ライトは自伝で述懐する。ライトは自らの建築作品が浮世絵の産物であると語っている。なかでも北斎の自在な形態変換と、広重の透明性、空間連続性は、ライトに大きな影響を与えた。（ケヴィン・ニュートは『フランク・ロイド・ライトと日本文化』（鹿島出版会、一九九七）の中で、浮世絵に限らず、日本文化が、いかにライトの建築に大きな影響を与えたかを分析している。）

ライトは「大はしあたけの夕立」を含む「名所江戸百景」を特に高く評価し、次のように称讃する。「なぜならばここで彼（広重）は水平なものを垂直なものへと振るというアイデアを得たからである。そして彼はそれを行うにあたって、連続的な空間の感覚を与えるよう、すべてのものを扱ったのである。ほかのほとんどのもののように枠の中に囲まれたのではなく、偉大なる連続性を感じさせるちらっとした何かをとらえたのである。（中略）芸術の歴史のなかでもまったく独自のものである。そしてまったく偉大なアイデアである。今ここで広重は空間性を取り込むことによって、私たちが建築でやってきたことを達成したのである。ここでは絵画の中に限定されたものではなく、莫大で無限な空間の感覚を得ることができる」（傍点筆者）。

広重、最晩年の作である「名所江戸百景」は「大はしあたけの夕立」に代表される縦長のフレーミングで構成され、横絵を基本とする、それ以前の広重の風景画とは一線を画す。風景の中にシンボリックなオブジェクトを見出すよりも、風景自体の水平な連続性に興味があった広重が、横絵を選択し続けてきたのは自然の成り行きであった。横長のフレーミングは、突出したオブジェクトのない、おだやかな連続的景観を描くには最適であった。しかし、最晩年に、なぜか彼は突然に縦長のフレーミングを選択する。本来は不得意とも思える縦長の選択は、彼を新たな境地へと導いた。それが本人の選択だったのか、刷元の要請だったかはわからないが、制約はしばしばアーティストを新境地に導く。

水平でおだやかな連続性のかわりに、空間を重層するテクニックを駆使した「奥行き」の表現へと、広重は人生の最後の最後になって、舵を切ったのである。モニュメンタリティーを要請する縦構図でありながら、しかもモニュメンタリティーを極力回避するという綱わたりへと、彼は自らを駆り立てた。この一歩をライトは「芸術の歴史」の中での大きな達成と呼んで評価した。奥行きの連続性、いってみればx軸(水平)、y軸(垂直)にかわるz軸(奥行き)の追求を指して、ライトは「私たちが建築でやってきたことを達成した」として広重の縦構図への転換を高く評価した。

ライトの初期の住宅作品の中に、広重はまだいない。当時の主流であった、典型的なア

図 **26**　シカゴ万博日本館(1893)

メリカン・コロニアル・スタイルの外に、ライトは踏み出していない。初期のライトには、奥行き(z軸)の連続性ばかりか、水平の連続性すら感じとれない。しかし、一八九〇年前後と推定される浮世絵との遭遇、そして、一八九三年のシカゴ万博における、宇治の平等院鳳凰堂を模したシカゴ万博日本館との出会い(図26)——この二つの事件が、ライトを決定的に変えた。二つの事件によって、ライトは空間の連続性にめざめたのである。広重と平等院の後に本当のライトがあった。そしてライトによるx軸、z軸の連続性の追求が始まった。

その後、ミース・ファン・デル・ローエ、ル・コルビュジエがライトの連続性への追求を大きく展開し、そこから二〇世紀のモダニズム運動が始まった。モダニズムとは空間の連続性を追求する建築デザインの運動と定義してもいい。さらにモダニズムはヨーロッパに発して世界へとひろがり、二〇世紀を支配した。日本の建築業界もまたモダニズムに追従し、席捲された。

とするならば、すべては広重から始まったともいえる。広重、ライト、ミース。すべてはあの「大はしあたけの夕立」から始まり、世界が次々に回転を始めた。ミースの影響は日本へと及ぶ。円環はこのように閉じたのである。

しかし、円環というわりには、日本に到達したモダニズムは、随分と殺伐として、大味で、広重の繊細さとは縁のないものになりはてていた。広重を起点とする円環にふさわしい形で、その輪を閉じることはできないだろうか。広重と建築との関係をあれこれと考えるうちに、その思いはいよいよ強くなった。

自然と人工

広重にあって、モダニズム建築において失われたもの。それは、あの細い細い雨の線のような、自然と人工との境界に揺れる、曖昧で繊細なものである。西欧の建築のように、自然との対比をめざすのではなく、あの「大はしあたけの夕立」の川面と夕立と橋のように、自然と人工物とが境なく、グラデーショナルにつながっていく状態がとり返せないだろうか。もし裏山の杉を使って、杉林のような建築を作ることができたならば、あの夕立の雨のような、自然とも人工ともつかぬ、かすむように曖昧な建築が出現するかもしれない。杉という木材をあの雨の線とみまがうまでに、細く、弱くしていくこと。その線が集まっていくつものレイヤーを構成し、そのレイヤーの重層（z軸）が、ついには人間と自然とをひとつに重ね、縫い合わせること。そんな具体的な空間イメージから、具体的なプランニングが始まった。

通常、建築設計においては部屋をどう並べるかという平面計画があり、次に建築の外形が決まる。その後で「そろそろ仕上げでも決めるか」という感じで材料選びが行われるが、われわれはその逆のプロセスをとる。いきなり最初から材料を考え、そのディテールまで考える。あの雨のように細い杉というのが、どのようにしたら実現できるかを、いきなり考える。その細さが、この技術、この材料でいけるという目安がたたない限りは、平面をきめても、形をきめても、何の意味もない。こんな物質、こんなディテールで作られるからこそ、この配置、この平面、この断面にすべきだという順序で、デザインを進めていく。それが物質としての建築を決定する際の、誠実な手順、物質に対して誠実なプロセスだと信じている。

裏山の杉で作った、雨のような建築。言葉にするだけならば簡単だが、いざ実行となると、いきなり難問に遭遇した。「燃えない木ができるか」という大難問である。

燃えない木

関東大震災以降、日本の建築行政の最大のテーマは「不燃化」となった。地震そのものによってというより、むしろ地震によってひき起こされた火災が都市を破壊し、人命を奪った。その反省にもとづいて、いかに燃えない都市、建築を作るかが、その後の日本の建築行政のテーマとなったのである。「木の都市」であった江戸が、コンクリートの都市へと変身し、繊細でヒューマンな「木の文明」が、無骨で粗野な「コンクリートの文明」へと転換していったのである。その転換を先導したのは、建築基準法、消防法に代表される建築関係の法規群であった。その結果、いざ杉を使って雨のような建築を作ろうとすると、早速、法規とたたかわなければならない。

木材を不燃化する技術が、ヨーロッパでも日本でも、少しずつ出はじめているという話は聞いていた。資料を集めたり、検索しているうちに、宇都宮大学の安藤先生に会ったらおもしろいというアドバイスを受けた。馬頭と宇都宮大学なら、場所も近い。何か縁のようなものも感じた。ところが、宇都宮大学に電話をしてみても「うちには安藤という教員はおりません」というではないか。よくよく調べてみると、確かに安藤さんは大学に籍があるが、教授でも助教授でも助手ですらなく、ただ一人の研究生であった。安藤實さんは、栃木県庁で林野行政に長くたずさわり、定年を迎えた。第二次大戦後の日本の林野行政は、杉、ヒノキの林を増やすことが目的であり、定年までの安藤さんの役人人生も、その目的のために費された。

しかし、あらためて故郷の山をながめた時、これで本当によかったのだろうかという思いが、安藤さんの胸に去来した。たしかに、杉の山はできた。しかし、杉を切り出し、材木として使うという需要はきわめて少ない。カナダ、アメリカ産の材木の方が値段もこなれているし、木材としての強度も、杉は劣っている。日本の山の木は、切り出せば切り出すだけ損をするという、嘘のような話もささやかれた。杉林は間伐もろくに行われないまま、荒れるにまかせられていた。放置された杉林の杉は、生物としてのバランスを崩した結果、尋常ならざる大量の花粉を空中にばらまき、花粉症の元凶は、杉、ヒノキ優先主義にかたよった日本の林野行政にあるという説まで唱えられる始末である。なんとかして、日本の杉にもう一度光を当てることはできないだろうか。行政マンとしての人生を全うした安藤さんは、杉の不燃化の研究に、残りの人生をかけたのである。

宇都宮大学に籍を置いた安藤さんは、独学でコツコツと杉の不燃化の研究をはじめた。やがて彼が見出したのは、杉の弱点を長所へと反転させる方法であった。木の幹は根で吸いあげた水を上部へと運ぶ、導管と呼ばれるパイプでできている。杉の導管は壁孔壁といわれる一種の弁で仕切られていて、薬剤を注入してもその弁が邪魔をして、木の奥深くまで浸透していかない。そのために、不燃化するための液体も、耐久性をあげるための液体も、杉には歯がたたなかったのである。杉は扱いにくい木というのが定説であった。

安藤さんは、遠赤外線で杉を焼いてしまうという方法を発見した。特別な方法で杉を焼くと、導管の中で水蒸気爆発が起こり、邪魔をしていた弁がふっ飛んでしまうのである。弁のない導管は、おもしろいように液体を通した。ヨーロッパで木材処理によく用いられる高圧注入という手間をかけなくても、液体に浸すだけで奥の奥までの注入が可能になり、杉の欠点が長所へと反転した。

しかし、定年後の独学の産物である安藤さんの方法は、学会で黙殺された。実際の建築に使われた例もなかった。この方法を広重美術館の杉に用いても、建築基準法をパスできる保証はまったくなかったが、とにかく実現に向けて動き出そうと、その日から走り出した。走るだけの大きな価値が、この方法にはあると思ったし、日本の山がかかえている問題は、それほどに大きくて深いと直感したからである。

タイムオーバー

建築センターという名前の試験機関に、安藤さんの方法で遠赤外線処理をほどこした試験体を持ち込んだのは、スケジュールぎりぎりというよりは、実際にはタイムオーバーであった。もし、ここでの試験でわれわれが持ち込んだ杉のピースが燃えてしまったなら、屋根や外壁に、あの杉は使えない。設計図面は全部描き直さなくてはならない。見積りもすべてやり直さなければならない。

日本の建築工事の工程というのは、公共工事にしろ民間工事にしろ、すべてが順調にいってはじめて間に合うように設定されている。すなわち、ありものの技術とデザインを、コピーとペーストした場合のみ、ぎりぎりスケジュールに間に合うように設定されている。新しい技術やディテールの検討をする余裕などないカツカツのスケジュールである。

スケジュール厳守が絶対条件の公共建築では、杉で描いた図面を、アルミや鉄などの不燃材料の図面へと描き直す時間的余裕はない。この杉が燃焼実験にパスしなければ、町長にも、町の担当者にも大きな迷惑がかかる。おそらく、企業に所属する設計者なら、このリスクは負えない。下手をすればサラリーマン人生を棒にふる。サラリーマンでなくてもリスクはあるし、場合によってはもっと大きなリスクがある。あの建築家はスケジュールを守らない、とんでもないやつだ。社会性の欠如した「芸術家」だという風評がネットをかけめぐり、今後、設計の依頼は絶えてしまうかもしれない。

しかし、われわれはあの杉に賭けた。それだけの価値が、あの技術にはあると思った。自然素材を建築に復活させるためには、それだけのリスクを負わなければならないと考えたのである。ここでリスクを負わなければ、コンクリートの表面に、薄いお化粧をペーストするだけの「安全な」図面作業を、一生続けることになる。その安全な人生の結果、日本の建築はお化粧つきのコンクリートばかりだし、都市はコンクリートだらけで何も変わらないのである。

それにしても、建築センターが燃焼実験のために用意した古新聞はすごい量であった。それを杉のピースの上に、そして下にも並べるのである。安藤さんの処理技術は、杉の外観にはほとんど影響しない。だから、ただの無防備な杉の切れっぱしにしか見えない。あんな量の古新聞と一緒に燃やされたら、どう見ても、ひとたまりもないだろう。ほとんどあきらめた。祈りながら着火を待った。

しかし、あの杉は燃えなかったのである。始末書と謝罪文も書かないですんだ。図面を直すこともなく、予定通り、着工したのである。ただ単に運が良かったのかもしれないし、杉の神様が味方をしてくれたのかもしれない。

媒介する建築

敷地は馬頭町の役場の北側、里山の裾であった。その里山の中腹にこぢんまりとした、感じのいい神社があった。町から神社へとむかう、参道のような建築を作りたかった。西欧においては、建築とはすなわちモニュメントである。都市の中心には教会が聳《そび》えたち、都市のモニュメント、視覚的中心として機能する。しかし、日本の神社は、そのような意味でのモニュメントではない。本当に神聖なものは神社自体ではなく、神社のむこうにある山という自然であり、その山自体がモニュメントであって、その山をひきたてるために、その山が神聖であることを示すために、山の手前に、神社という媒介を建ててきたのである。さらにその神社をひきたてるために、参道や鳥居が作られた。人工物は、その意味において、すべて媒介であり、自然のひきたて役なのである。

このやり方で、広重美術館も、媒介としてデザインしようと考えた。山の手前の、山の

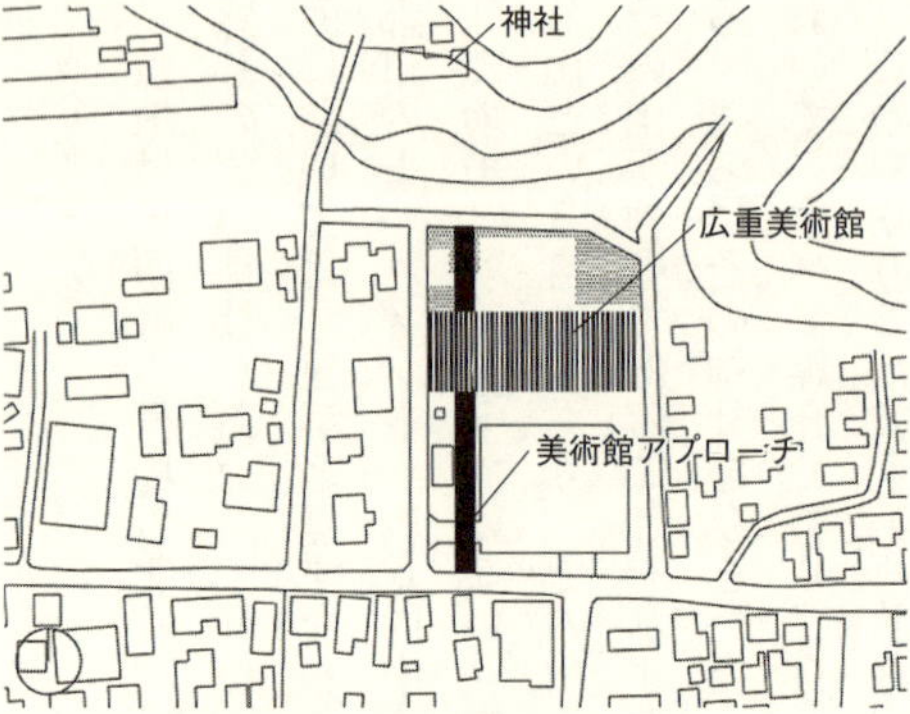

図 **27**　広重美術館の配置計画

ひきたて役である神社の、さらにその手前のひきたて役である参道、鳥居として、建築をデザインしたのである（図27）。

そのためには建築は目立ってはいけない。町から神社へとまず参道を設定して、建築はその参道に対して、退屈なほどに低く平らな軒の線を見せるだけでいい。アプローチに対して、軒ではなく妻側を見せてしまうと、どうしても三角形の切妻型が強く眼にはいる。その三角形は主張が強すぎて、折角の神社の美しさ、さらにその奥の山の美しさの邪魔をする。アプローチに対し、屋根の断面の切妻を向けるやり方を妻入りといい、逆に、平らな軒からはいる方法を平入りという。広重美術館は、平入りにこだわった。

しかも軒は低い方がいい。軒が高くなると、その下の壁が主張をはじめて、うるさくて仕方がない。軒の高さは二メートル四〇センチ。住宅の軒としても、低いくらいの高さで

図 28　広重美術館，町と山をつなぐアプローチの「孔」

ある。不特定多数の人間が使用する公共建築として、その軒の下をくぐらせるのは、非常識な高さといってもいい。手をのばせば、さわれるぐらいの低さなのである。このぐらいに軒を低くすると、軒が作る影の中に壁は消滅する。しかも、軒の出は、思い切って、三メートルとした。これだけ飛び出すと、その下にたっぷりと影ができて、壁が消える。内と外とを仕切る、壁というエレメントが消え去るのである。影によって、内と外が、建築と自然とが融けるのである。

山に向かうアプローチから見ると、建築は充分に低い。神社の邪魔をしない。山の邪魔をしない。その建築のまん中に孔をあけてみた。この孔をくぐって、神社へ、そして山へと歩くのである。これは建築というより、鳥居そのものである。しかもこの建築は鳥居よりもずっと低い。鳥居はそれ自体が目立ちすぎ、おおげさすぎて、多くの場合、山の邪魔をしている。もっと控え目な鳥居。目立たない、ただの孔、そんなものを目ざしてみた(図28)。

建築に孔をあけるともうひとつのメリットもある。孔の左側には、売店や食堂のような気取らない施設をいれ、孔の右側に、ちょっと気取った美術館機能を配置する。こういう小さな町の美術館は気取りすぎてはいけない。神社への参道に沿った気楽な売店、食べ物屋の方が、この町には似合っている。ミュージアムショップ、ミュージアムカフェといった上品なものではなく、泥のついた山芋を売るような店が、この町の、神社の前の美術館にはふさわしい。

内と外をつなぐ

建物をぶちぬくこの孔を抜け、神社と里山にゆっくりと頭をさげ、手を合わせた後で、右に折れる(図29)。砂利を敷いた庭の静けさをたっぷりと堪能しながら、美術館へアプローチする。レイヤーがz軸上に重層する広重の「大はしあたけの夕立」の空間の再現である。孔をぬけながら、十二単《ひとえ》をぬいでいくように、重なるレイヤーを、一枚ずつはがし、

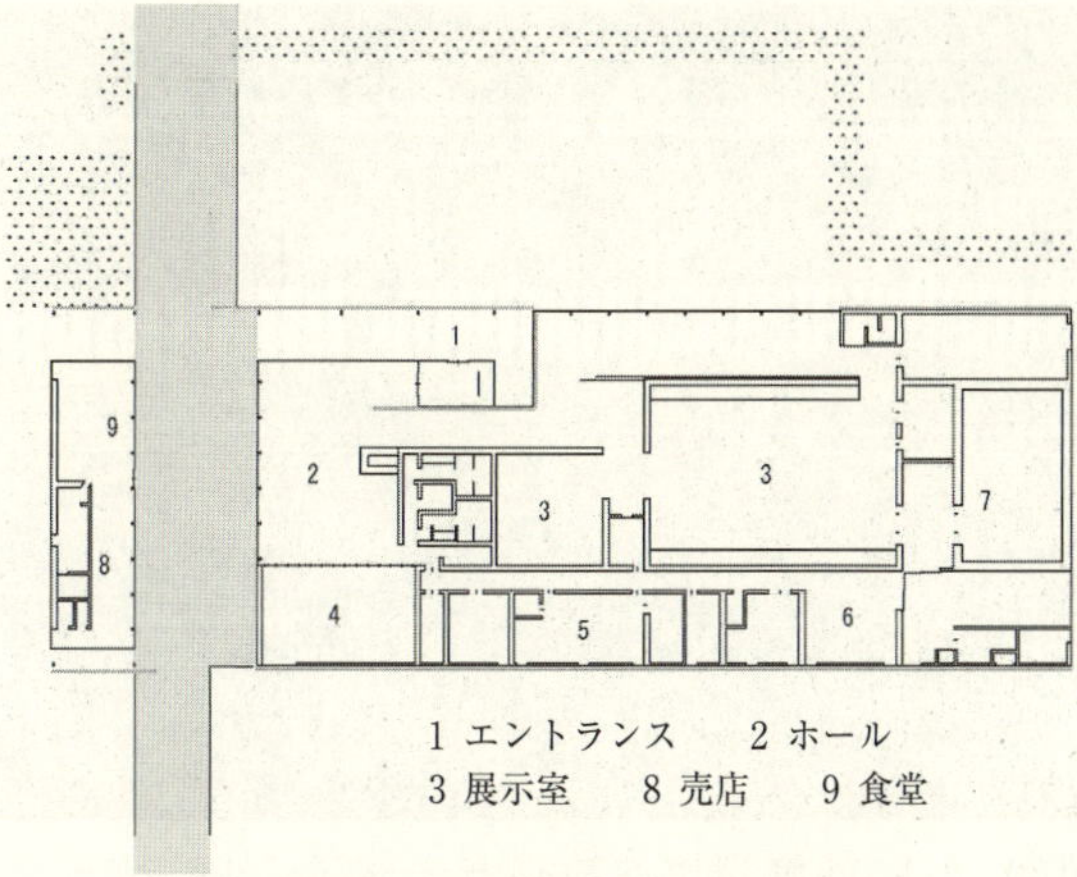

図29　広重美術館，1階平面図

最後に広重の肉筆が飾られている暗い展示室に到達する。町、山、神社が、十二単のように束ねられる。

十二単を奥にわけ入るに従って、建築の素材もまた、やわらかく、よりやわらかくと、展開していく。このやり方は、衣服のデザインによく似ている。一番外側にはオーバーコートのような、少々のことではへこたれない強く粗い素材を用い、次第にジャケット、シャツ、下着へと、徐々にやわらかく、きめの細かい素材へと切り換えて重ね合わせていくのである。

建築も広い意味では衣服である。身体というかよわくてやわなものと、その外側にある環境というあらあらしいものの仲介を行うと

図 30　広重美術館，和紙巻きのルーバーごしに外側のルーバーを見る

いう意味で、建築と衣服との間に、根本的な差異はない。衣服のデザイナーは身体を忘れることはないが、建築のデザイナーはしばしば身体の存在を忘れる。

広重美術館の場合、身体と環境との間に三層のレイヤーが介在する。一番外側のオーバーコートにあたる部分には、三センチ×六センチの断面形状をもつ杉の角材が並ぶ。ピッチは一二センチだから、杉と杉の間隔は一二センチ−三センチ＝九センチとなる。その内側のレイヤーに杉の角材を和紙でくるんだ、和紙巻きのルーバーが並べられる。そして、最後、一番奥には、内側からの照明でぼんやりと光る和紙の光り壁がきて、三層構成は完結する(図30)。

和紙の光り壁も縦桟のピッチは二四センチで、この建築の寸法は基本的に一二センチの倍数で構成される。床に敷かれた石も、一二センチの二倍の二四センチを基準寸法とし、一二センチの作るリズムが、空間全体に響きわたる。構造エンジニアの青木繁さんと牧野里美さんが、このリズムをこわさないような細い柱をデザインしてくれた。日本の伝統建築の木割りと呼ばれる寸法調整のシステムも、このように細く美しい柱の作るリズムが、空間全体のリズムと同調するシステムであった。日本では構造計算にも、繊細さが求められてきたのである。

和紙の壁

このような十二単のようなレイヤー構成をわれわれは提案した。しかし壁の和紙について建設委員会から異議が出た。子供が和紙を絶対に破くというのである。破かれたら自分で貼りかえに来てくれますかと、すごまれた。しかし、本当に子供が和紙を破くだろうか。いまでも旅館にいけば、障子だらけである。だからといって、子供はそれを破いて歩いたりはしない。旅館というパブリックスペースの中でも、ちゃんと和紙が大事に使われている。弱い物でも大事に扱う、弱い物だからこそ大事に扱うのが日本の文化のはずであるが、建設委員会は納得しない。

それならば、と本物の和紙の裏側にプラスチックでできた人工の和紙の裏打ちをする提案をした。この人工の和紙は本物の和紙の一〇倍の強度がある。子供がふざけて指を突きたてたぐらいでは、破れない。指を突きたて実験をし、この二重貼り案で決着がついた。相手の主張への配慮が、建築を実現するという行為には最も大事なのである。自然素材なのだから、破れたって当然、汚れたって当然、それを理解しないお前は最悪だといったら建築はストップする。自然というものの価値がわからない環境破壊だ、という風に開き直り、正面から対決したらおしまいである。何も実現しない。開き直りから、いい建築が生まれたためしがない。

自然素材を使うのはそもそも難しい。どんなに慎重に計画しても、なお予測できない問題がおきる。だからこそ、自然素材なのである。だからこそ、慎重には慎重を重ねて、人工和紙の裏打ちもするのである。そういう細かな配慮がなくては、通る話も通らなくなる。相手からの批判にも、必ず一理がある。それらすべてに対する配慮があってはじめて、自然素材の建築がやっとのことで実現する。

つまるところ自然素材とは欠陥だらけなのである。破れる、くさる、割れる——そんな危険と背中あわせだからこその自然素材であり、そんな欠陥だらけだからこそ、その素材は空間をやさしい空気でみたし、われわれを癒す。

大切なのは、欠陥を認め、欠陥に開き直らないことである。まず欠陥を認めて、最大限の努力をし、あきらめずに研究を続け解決策をさぐることである。その謙虚さがなくては、自然素材は消えていくばかりである。自然素材を救い出すのは、開き直りでも大演説でもたたかいでもなく、謙虚と努力である。そのおかげで、広重美術館の和紙は、今も健在である。

5 竹——万里の長城の冒険

グレート(バンブー)ウォール(2002)

竹に興味をもったのは、子供の頃の遊び場だった裏山の、あの竹林のせいかもしれない。急斜面に竹が生えていた。竹の幹を次々につかみながら、斜面を登るのが楽しみだった。竹林を満たす澄んだ緑色の光も魅力的であったし、竹の清潔でまっすぐで、しかも金属やタイルのように冷たくない質感も大好きだった。

あの竹林のような空間を作ってみたい。竹で建築を作ってみたいという思いはずっとあったが、竹には大きな欠陥があった。乾燥すると簡単に割れてしまうので、建築を支える柱や梁にはならないのである。となると、竹は室内装飾にしか使えないことになる。割った竹を並べて壁面に使ったり、床柱に使ったりする手法は、日本ではしばしば行われるが、建物を支える柱ではないという点が、あの本物の竹林とは決定的に違うような気がしたのである。あの竹林の美しさは、竹の強さからきている。強く美しい女性の脚のように、細くまっすぐに伸びていて、しかもどんな強風にも耐える、しなやかな強さを持っている。その強くしなやかで繊細なものが、地下でつながって、大地と一体となってお互いを支えあっているところに、あの林の美しさは起因する。地下茎というたぐいまれなテクノロジーがあるからこそ、あの細さと強さとが両立するのである。竹の美しさは、土の強さと一体である。むしろ竹は木の章でとりあげるよりは、土の章でとりあげるべきものかもしれない。竹が大地と縁の切れた単なる装飾でしかなかったら、われわれは少しも感動しないだろう。

竹の型枠

なんとか竹を装飾ではなく建築を支える柱として使えないだろうか。そう考えて、自分の頭だけではどうにも知恵が浮かばず、ある日、構造エンジニアの中田捷夫さんに長年の想いを告白したら、竹を型枠として竹の中にコンクリートを流し込めるのではないかというアイデアをもらった。ヒントになったのはCFT(concrete filled tube)と呼ばれる新しい建築技術である。通常のコンクリート柱は、ベニヤで型枠を作り中に鉄筋か鉄骨を仕込み、ドロドロのコンクリートを流し込んで、固まったあとに外側の型枠を取りはずす。しかしCFTの場合は型枠が不要である。鉄でできたパイプの中にドロドロの状態のコンクリートを注入するからである。普通の柱は中だけに骨があるから人間の身体と同じだが、CFTは外の皮膚の部分も硬い骨になって身体を支えるという、逆の発想でできている。このやり方だと、型枠がいらない。型枠には南洋材と呼ばれる木材を使うが、これは資源保護の点でも、二酸化炭素の排出の点でも、大きな問題となっている。CFTなら、南洋材の型枠が不要となる。型枠を組んだりばらしたりという作業がないから、工期も当然短くなる。しかも外と中に両方骨があるので、細くても強い柱が作れる。

この先端技術を、竹という素朴きわまりない原始的材料に応用できたら、さぞ痛快だろうと考えた。建築技術の先端も、他の工業技術同様、先に進めば進むほど、人間とか身体とかいう血のかよった存在とは縁のない、質感の欠如したものに傾斜していく。その片方で、昔ながらの手仕事をほめたたえ、ノスタルジックな讃美を百年一日のごとく繰り返すだけのオヤジ達もいるが、それは居酒屋での説教と同じで、そのぼやきでは世の中の流れは少しも変わらない。先端と野蛮を、人々が想像もしないようなやり方で見事に接合できれば、この不毛な二項対立的分裂を粉砕するきっかけになりえないだろうか。冷たいだけの先端も、展望のないオヤジのノスタルジーとも違う、第三の途を開くきっかけにはならないだろうか。そう考えて、この竹のCFT——竹(bamboo)にコンクリートをつめるからCFB——への無謀な挑戦がはじまったのである。

二つの困難が予想された。ひとつは、コンクリートの柱にできるような、太い竹が存在するのかという疑問。もうひとつは御存じのように竹には節があるわけで、その節を簡単に取り除けるかという疑問であった。ところが思いのほか簡単に、二つのハードルとも解決してしまった。日本の孟宗竹はたいしたもので、直径三〇センチ程度までなら手に入るのである。節を切り取るのはもっと簡単であった。普通のドリルにちょっと手を加えた道具を作って、僕らの職人はみるみるうちに竹を割ることなく、根元からドリルの先端を突っ込んで、節だけをすべて削り取ってしまったのである。

竹の家

かくして第一号の竹の家が日本に完成した。直径一五センチ前後の竹を集め、中に五センチ×五センチの断面寸法をもつ鉄製のアングル（L字型断面の鉄骨）を二本挿入し、コンクリートを流し込んだ。このやり方でできた柱には、装飾でしかない「偽物」の竹製の床柱とは一味違った、力を支えるものだけが持つたくましさがあるように見えた。お化粧に使われたひよわな竹とは違う、骨太さが備わっているように感じられたのである。

CFBの柱以外の部分も、可能な限り竹で作ることにした。竹を一〇〇本一列に並べて壁を作り、その内側をガラスの壁で囲って、室内とした。床も竹のすのこを敷きつめた。

最初は少し足の裏が痛いようで抵抗があったが、裸足で歩きなれるととても気持がいい。すべての建築素材が、ビニールクロスやビニールの床シートのように、ツルツルと平滑でクレームの出ようがないものへと傾斜していくなかで、このザラザラとした床の異物感は新鮮であった。インドネシアでかつて訪ねたロングハウスと呼ばれる細長い家は、竹のすのこの上に人が住む。一階は家畜のスペースになっていて、人間の排泄物は家畜の餌となる。土と動物と人間との共存が実にとても快適であった。新しい技術が、あのロングハウスのような素朴な快適さを可能にしてくれたわけである。

竹を使いはじめて、竹の最大の課題が耐久性にあるとわかった。まず適切な季節に山から切り出さないといけない。竹の中の糖分は季節によって変化し、低い時に切らないと腐りがはやい。春先に竹の子が生える直前に糖分は最高になり、逆に旧盆過ぎから秋にかけてが糖分が低くなるので、そこをねらって伐採する。切った後には、熱処理をする。青竹の中には様々な微生物がすんでいて、熱を加えてそれらを殺さないと、それも腐りの原因となる。熱処理には大きく分けて、熱湯の中でゆでる油抜きという方法と、火であぶるやり方があり、値段はあぶる方が倍くらいする。どちらも青い竹が黄色に変色するのは一緒だが、あぶると微妙に焦げ目がついて、竹が精悍で、しまったような感じになる。耐久性能はそれほどかわらないので、油抜きを採用した。

グレート・ウォール・コミューン

第一号の竹の家が日本に完成して、しばらくたった頃である。中国の万里の長城の足元に、住宅を設計して欲しいという話が舞い込んだ。もともとゴルフ場を作る用地だったそうである。中国政府の方針が変わって、ゴルフ場が不許可になり、張欣《チャン・シン》という三七歳(当時)の女性が率いるレッド・ストーンという会社が土地の権利をひきとった。彼女は友人の北京大学教授、張永和《チャン・ユーホー》に相談した。北京から一時間以上かかる荒地である。木もろくにはえないし、平地はなくて、傾斜地ばかりである。だから万里の長城は、あんなに激しく地形に沿ってアップダウンする。そこに誰が住むというのだろうか。

張永和と張欣が出した結論は、ほとんどヤケクソといっていいものであった。アジアの建築家で元気がいいのを一二人ばかり誘って、それぞれすきな家をデザインさせて並べようというアイデアである。プロジェクトの名称はグレート・ウォール(万里の長城)・コミューンということになった。共産主義が形骸化していく「資本主義」中国の中で、あえてコミューンをうたって、古き良き共産主義を懐しむというねじれた企画であった。

張永和自身がすでに充分にねじれていた。父親は毛沢東の時代の大建築家で、天安門広場に面してたつ列柱が圧倒的な観閲台を設計している。本人はアメリカに留学して、ヒューストンのライス大学で教鞭をとったのちに、北京大学に教授として招かれた。その後アメリカの名門校であるＭＩＴ（マサチューセッツ工科大学）に招かれて、建築学部長となった。アメリカの大学では、アジアからの留学生を獲得するために、アジア系教員をトップに据えるケースが増えている。

張欣は張欣で、ミャンマー系少数民族の血をひき、高校を出てから香港で工員として働いていた。ある日幼なじみが訪ねてきて、目の前で英語を自由にしゃべる様子をみて、一念発起し、イギリスにわたり、苦労の末にケンブリッジ大学を卒業して中国に戻った。ディベロッパーとして中国の生活と社会を変革するのが彼女の夢であった。この二人が企画する「コミューン」は、はたしてどんなものになるのか。

実をいうと彼らから誘われるまで、僕にとって中国の建築の印象は最悪であった。アメリカの八〇年代風超高層の、二流のコピーで埋めつくされた、地のはての、文化の欠如した成り金な風景。そのさびしい風景の拡大再生産に加担するのは、本国では食えなくなった欧米の三流設計事務所。毛沢東もなめられたもんだなあというのが、中国の建築デザインに対する印象であった。ところが、張欣と張永和は、そういう中国建築界の空気をぶっ壊したいというのである。欧米の三流コピーではなく、アジアの元気のいい建築家だけを集めて今の中国、今のアジアを発信するプロジェクトにしたいと、火がつくほどにアルコール度の高い白酒《パイチュウ》片手に、彼らは熱く語るのであった。

そこまで言うなら、やってやろうじゃないのという気になった。送りつけたのは、万里の長城と竹の家がからむという、前代未聞のスケッチである。竹は、日中の、長い交流の歴史のシンボルでもある。日本の建築家が中国で仕事をするのなら、竹を使わないという手はない。竹林の七賢という中国の故事もある。都市的、中心的な価値観に背を向けた、ひねくれた七賢人は、敢えて竹林に逃げこんだのである。野生そのものでありながら、都市的な洗練をあわせ持つ竹林こそ、七賢人のねじくれた哲学にふさわしい。中国の都市が、アメリカ流超高層で汚染されてしまったのなら、僕も七賢人にならって、竹林に希望を見出そうとしたわけである。

万里の長城方式

その竹の家を、敷地の急斜面の上に、造成を一切せずに、そのままのせるというのが、われわれの提案であった。御存じのように万里の長城附近は、平らな土地がどこにもないような、山岳地帯である。普通なら、まず造成をしてブルを入れてフラットな土地を作り、その上に建築を作るというのが、二〇世紀流開発の一般的なやり方である。平らな台座を用意して、その上に美しい形をした彫刻をのせるという、古典的な彫刻作品と同じ手法である。確かに、このやり方だと、台座のおかげで彫刻は見映えがする。造成という作業によってまわりの雑然とした世界から切り離されて、すきっとして見えるのである。二〇世紀のアヴァンギャルドとして知られる大建築家——ル・コルビュジエもミースも、この昔ながらの「台座」を利用するデザインの名人であった。すなわち造成派の巨匠であった。

しかしこの山岳地帯に造成派の方法を適用したら、折角の地形のおもしろさが消えてしまう。土地はできるだけさわらないようにしよう、とまず考えた。逆に建物の底の部分をカーブさせて、あのうねった地形にあわせればいいのである。これを、われわれは「万里の長城方式」と呼ぶことにした。万里の長城も一切、造成はしていない。うねる地形を、そのままにして、それにあわせるようにして、壁を築くという、きわめて現実的で、しかも環境にやさしいやり方を、かつての中国人は発明したのである。地形に負ける、自然に負けるという戦略であった。そもそもあんな山岳地帯を、造成しきれるわけがない。

案の定、張欣も張永和も、地形の上をうねる竹の家には大乗りであった。これなら成金超高層の対極になれると、盛り上がった。超高層は、土からの離脱の極致であり、「万里の長城方式」は土への回帰である。ところが肝心の、建設会社がしぶい顔をしてこちらの眼をみない。こんな家は作ったことがないといって、不機嫌きわまりない顔をくずそうとしない。竹みたいなやわな素材で家ができるわけがないというのである。

こちらは、ひとつの成算があって、竹の家の絵を描いていた。香港、北京の超高層ビルの足場である。六〇階建てであろうと、七〇階建てであろうと、中国の超高層ビルは、いまだに竹足場で作るのが主流である。一説によれば、一時、鉄の足場に変える動きがあったが、鉄の足場はかたすぎて、落ちた時にクッションの役割をはたさず、危険きわまりないと職人が大反対をして、結局、もとの竹に戻ったというのである。竹足場で超高層を作っているのを見た時、あんなに美しい工事現場は見たことがないと思った。あのまま、完成後も竹足場がついたままでたっていてくれたなら、香港も北京も、もっと魅力的な都市になるだろうと思った。なんとかあの竹足場のような、やわらかくてだらしなくて、それでいて繊細きわまりない建築ができないだろうかと、竹足場のディテールに学びながら、われわれは竹の家の図面を描いてみたのである。

ところが、のっけから、あんな竹の家は施工不可能であると施工業者から否定された。すぐに壊す足場だから竹が使えるのであって、パーマネントな建築に、竹のようなもろい素材が使えるわけがないというのである。そういわれたら、こちらだって黙っているわけにはいかない。日本の第一号竹の家の写真を送りつけた。日本ではこんな美しい竹の家が、普通に作られ多くの人が住んでいる（実は少しも普通ではなかったが）、高い文明をもつ中国で、竹と長くつき合ってきた中国で、できないはずがないではないかと持ち上げた。

持ち上げたかいがあって、やっと建設会社もその気になった。竹の油抜きの方法を教えたら、それだけでは不充分だと思うという逆提案が返ってきた。油抜きをした上で、油の中に竹を浸した方が長持ちするというのである。相手が乗り気になって、向こうから提案がでてくるようになったらしめたもので、相手のモチベーションをさげないためにも、積極的に逆提案をとりいれるのが、この種の挑戦的プロジェクトを成功させる鍵である。油に浸した竹は、日本では見たことがない不思議な茶色になってしまったが、これもまた、一つの味になるかもしれないと考えて、ゴーサインを出した。

中国には中国の大根

一つの場所で成功した同じディテール、同じ工法を、ほかの場所のプロジェクトで繰り返すのは、できる限り避けたい。建築家によっては、逆に彼のトレードマークとなった定番のディテール、工法を「これでもか」といわぬばかりに、様々な場所で繰り返すタイプがあるが、われわれのやり方はまったく逆である。どんな場所でも、同じ建築ができるなら、それはマクドナルドと同じである。二〇世紀の工業製品は、そのようにして、場所を無視し、場所を超越することに、存在価値を見出した。場所を超えられるからこそ、人々はその製品に安心感を抱くのだと考えた。しかし、建築は、もっと場所に密着したものでなければならない。同じ大根の種を植えても、京都の土、京都の天候の下で育てば、京の大根になる。他の場所に植えたならその微妙な味はでない。だから京野菜に価値がある。建築は工業製品というよりも、そもそも大根に近い存在であり、そのように大地や天候と密着したものだと思うのである。

結果として、万里の長城の土に育った竹の家は、日本の竹の家とは随分と違う印象のものになった。油に浸された竹はまず色が違う。直径六センチ前後の竹を、一二センチピッチで並べるというディテールは、日本も中国も同じはずであった。ところが、同じ直径六センチといっても、中国ではかなりのバラツキがある。微妙にまがったものも、たくさん混じってくる。日本では、工事の中途ですべてはねられて、そういう「不良品」は現場にはいってこない。中国の現場は「不良品」で溢れている。わが事務所の現場担当のインドネシア出身のブディは、すまなそうな顔をして、最初のサンプルを見せた。「こんなに不揃いな竹を、工務店がもってきたんですけど……」と謝るのである。しかし、僕は逆に、この不揃いなところがいいと感じた。そこが万里の長城産の大根の味になるかもしれないと直感したのである。僕が不揃いを大目にみたせいで、われわれの竹の家は、他の建築家達が設計したどの家よりも、安い値段で完成した。

もし日本並みの精度を要求したならば、日本人は、日本の基準を世界に押しつける、狭量でいやなヤツだという評判だけが残ったであろう。工務店と職人のうらみをかうだけの結果に終わって、両者にいやな気持だけが残る。そして、日本の大根とも中国の大根とも違う、どっちつかずのまずい大根だけが残ったであろう。その場所に、その自然に、上手に身を委せることが、結果として、人々の記憶に残るような個性的な建築を生む。そうすれば、世界に再び、豊かな多様性をもたらせるはずである。

折角、わが現場担当ブディの話がでたので、彼の活躍にもふれないわけにはいかない。実はそもそも、万里の長城のような遠い現場にうちのスタッフを派遣する必要はないと、クライアントの張欣からは申し渡されていた。簡単なスケッチのような図面だけを送ってくれたなら、あとは中国サイドで完成まですべて面倒をみるから、余計な心配は不要だし、現場に何度も来る必要はないというのが、クライアントの意向であった。だから設計料はこれでやってくれというオファーであった。

海外のプロジェクトでは、この手の話は多い。日本のディベロッパーも海外の建築家には、だいたいこの方式で依頼する。簡単な図面だけで結構ですといういい方で、まず設計料を値切る。ディテールや材料について、建築家流のこだわりをいわれなくてすむので、工事費も安く抑えることができる。建築家が現場にたびたび来られると、細かいアラが指摘されたり、そのたびに気まぐれな変更や手直しが出たりして、工事費はさらにはねあがる。そんなもろもろの理由で、「簡単な図面だけで……」という慇懃無礼なやり方が、建築の世の中ではまかり通っているのである。

案の定、張欣からもそんな申し出だった。提示された設計料も、そのやり方にみあった安い金額であった。なにしろあんな荒地に、アヴァンギャルドな家をたててコミューンを作るという実験的プロジェクトだから、設計料の安さは仕方がないとも思った。しかし「簡単な図面」を渡しただけで、あとは相手に委せるというやり方は、なんとしても納得できなかった。建築というのは、最後は、ディテールの勝負になり、具体的な素材の勝負になる。その一番の肝を相手に委せてしまったなら、何のために苦労して設計しているのか、わからなくなる。とはいっても、相手から提示された設計料は、僕と担当との二人が飛行機で北京にいったなら、なくなってしまうほどのささやかな金額であり、担当者を現場に常駐させるなど、夢のまた夢という額であった。

さてどうしようと悩んでいたら、プロジェクト担当のブディが折り入って話があるというのである。ブディはインドネシアから文化庁の交換留学の制度を使ってやってきた、若き建築家である。英語がしゃべれるので、海外プロジェクトの担当となり、竹の家の図面は、彼が中心になって描いた。ブディはあの安い設計料の話も聞いていた。それでも彼はどうしても、北京に行かせてくださいというのである。北京に一年間住んで、現場に通い、自分の目で工事の全部をチェックしたいというのである。そのための、いいやり方を自分は見つけたと、彼は言う。まず経費の件。自分は外国人用のＪＲのパスを持っているので、ただで神戸までいける。そこから船にのって上海にいって、上海から鉄道で北京まで行くというのである。それだと一万円ちょっとで、北京までたどり着けるという。そして滞在費。一日五〇〇円のホテルを彼は見つけた。そこに泊れば一ヶ月で一万五〇〇〇円。一年でも一八万円で済むというのである。この金額なら、なんとか事務所から出費できるのではないかというのである。

実際には、それでも事務所としては大赤字である。しかし、彼がここまで調べあげてきたその熱意に僕はうたれた。「よし行け、万里の長城へ」。

実はそれからがブディにとって大変な日々が待っていた。安ホテルが大変だったのではない。彼は毎日、万里の長城行きのバスにのって、停留所からは三〇分歩いて現場に通った。それも大変といえば大変であったが、現場での彼の苦労に比べれば、どうということはない。彼の最大の苦労は、工務店が彼を無視し続けたことであった。

現場の建築家

日本のゼネコンや工務店は、なんだかんだいっても、設計事務所に対しては、一目も二目も置いている。裏では何を思っているかはわからないが、設計事務所の人間が現場チェックにやってくれば、たとえそれが若造でたいした経験がなくても「先生、先生」と持ちあげて、一応、その意見、アドバイスは尊重する。しかし、中国の建設会社には、そういう習慣がない。毎日バスにのって通ってくる、インドネシアの童顔の青年は、徹底して無視された。おまえなんでここにいるんだという顔で、無視された。それでも彼は毎日バスで通い続けた。ある時から、現場の建設会社の人間も、少しずつ彼のいうことに耳を貸すようになってきた。ここのジョイントは、こんなふうにしてほしい。ここの竹は、このビスで取り付けてほしい。もちろん一〇〇パーセントではないけれど、ブディの思いが工事に反映されはじめたのである。

そういう形で、現場に建築家が関与できるかできないかで、できあがりに、大きな違いがでる。簡単にいえば、現場に通いつめることで、建築に魂を込めることができるのである。クライアントが望む「簡単な図面」では決して伝えることのできない魂をブディは竹の家にたっぷりとつめ込んだ。「簡単な図面」で人任せで作ってしまったものには、魂が抜けている。どんなに有名な建築家の作品でも、「簡単な図面」で作ったものは、どこか肩すかしを喰ったような、馬鹿にされたような感じしか伝わってこない。建築というナマモノから伝わるはずの感動がない。だから、日本のディベロッパーが、海外の建築家に頼んで作ったものには、いつもがっかりさせられるのである。

決して自慢ではないけれど、グレート・ウォール・コミューンに参加した建築家の中で、こんな形でスタッフを現場に送り込んだ建築家は他にはいない。送り込んだというよりも、ブディが自分で決めて、自分で乗り込んで、自分で現場の人達に認めてもらったのである。ブディも、ここで、いろいろと勉強をした。その後ブディはインドネシアに帰って、バリ島でホテルをいくつも設計している。中国では試せなかった、竹の新しいディテールも、試している。アクリルと竹を組み合わせたりして、その挑戦の姿勢は少しも変わっていない。竹が日本と中国とインドネシアとをひとつに結んでいる。

割れない竹

竹についてはさらに続きがある。設計中、竹の特性についていろいろ調べているうちに、グァドゥアという名の割れない竹があることを知った。乾燥すると竹が割れてしまうので、中に鉄やコンクリートをつめるという面倒臭いディテールが必要となったのである。もし、割れない竹が存在するのなら、それをそのまま柱や梁に使うことができる。普通の木造と同じように「竹造」というのが可能となる。

そのグァドゥアは南米産であった。コスタリカ、コロンビアの高地に生息するという。

麻薬の生産地、ゲリラの活動地域と、グァドゥアの生産地は重なっているぞとおどかす人もいた。割れないだけではなく、肉厚で、強度はわれわれが普通使っているアジアの割れる竹の倍以上で、竹と鉄との中間ぐらいの強さがあるという試験結果もあった。なぜグァドゥアが割れないかというと、グァドゥアは竹の外皮と内皮の構造とが同じだからである。植物学的にいうと、世界の竹は、アジアの竹、グァドゥア、笹、と三種に大別される。アジアの竹は外皮と内皮の構造が異なるので、乾燥・収縮の度合いに内と外で差ができて割れてしまう。しかし内外が同じグァドゥアは、そういうことが原理的に起こらない。

熊本の醬油蔵を保存、増築するプロジェクトで、このグァドゥアの出番がやってきた。浜田醬油は江戸時代から醬油を作っていて、その蔵と工場の建築は明治初期にさかのぼった。その重厚な漆喰の建物の増築には、どんな材料がふさわしいだろうか。同じ漆喰を使うという手もあった。思いきってモダンにふって、ガラス貼りという手もある。しかし、あの南国の、濃厚で香り高い醬油の匂いをかいでいるうちに、増築はどうしても竹でなければならないという気分になった。竹の軽さ、やさしさ、清涼感が、あの醬油の味をさらにひきたてると感じたのである。

今回の竹の建築は、なんとかグァドゥアで作ってみたかった。南米の高原で育ったあの強靭な竹は、南国の醤油と相性もぴったりだと感じたからである。グァドゥアはそのまま構造体としても使える強度があるはずだから、日本の木造建築の技術とグァドゥアとがひとつになれば、日本の木造建築に、新風を持ち込めるかもしれない。

なにしろ竹は成長がとても速い。ということは、空中の二酸化炭素を光合成によって自らの体内に固定する力がとても強い。それによって空気中の二酸化炭素を減らし、地球温暖化の抑制に貢献する可能性が高いというわけである。竹を燃やしたり、腐らせたりしたならば、せっかく光合成で固定した二酸化炭素は再び空中に戻ってしまうが、建築材料として長持ちさせれば、二酸化炭素は竹の中に固定されたままである。こんなたくましい材料で、竹造建築が普通に作れたら、地球温暖化の抑制に役立てるのではないかという夢である。日本では長い間、装飾や表層にしか竹を使わなかったが、この強くて環境にやさしい竹を使えば、日本の竹文化を抜本的に変えられるかもしれないと、夢はふくらんだ。

ヤタラ組み

しかし、ハードルは高い。まず、コスタリカと貿易をしている商社を捜すところからはじまった。まずはコンテナで取り寄せて、実物に手で触れているうちに、いろいろな発想がわいてくる気がしたのである。素材というのは写真や、図面でみているだけでは駄目で、どうしても触ったり、なでたり、たたいたり、匂いをかいでみる必要がある。今回のプロジェクトのパートナーをお願いした構造エンジニアの江尻憲泰さんも、まずは実物を使って、強度の実験をしたいという。日本では誰も使ったことのない竹だから、本にのっている通りの強度があるのか、ないのか、さっぱりわからないというのである。コンテナ三つ分のグァドゥアがコスタリカからとどいたが、あけてみて驚いた。想像以上に肉厚で、たくましいのである。素材の持つ質感、たとえばたくましさとか、かよわさ、粗さ、繊細さは、写真では伝わらない。実際に手にとってみて、はじめて伝わる何かなのである。

しかし、あまりにたくましくて、少し不安にもなった。明治時代にできた蔵が、この竹の粗さに負けてしまうように感じられたのである。南国の醬油も、このたくましさには、かないそうもない。しばらく重たい竹を手にとって悩んだ末に、グァドゥアを裂いて使うというアイデアがひらめいた。裂いて細くして使えば、なんとか醬油とも蔵ともバランスがとれそうな気がした。わざわざ自分で問題を難しくして、自分の首をしめているような気もした。グァドゥアで建築を作るだけでも大変なのに、それをわざわざ裂くという思いつきを聞いて、クライアントの浜田さんも、うちのスタッフも、少々あきれたという顔付きになってきた。しかし、ここまで来たのだから、自分の素材に対する直感を信じてみるしかない。

竹を裂いたものを組んで、カゴのような構造体を作り、建築を支えることはできないだろうか。日本の伝統的なカゴのディテールを集めて、どんな組み方が、このたくましい竹

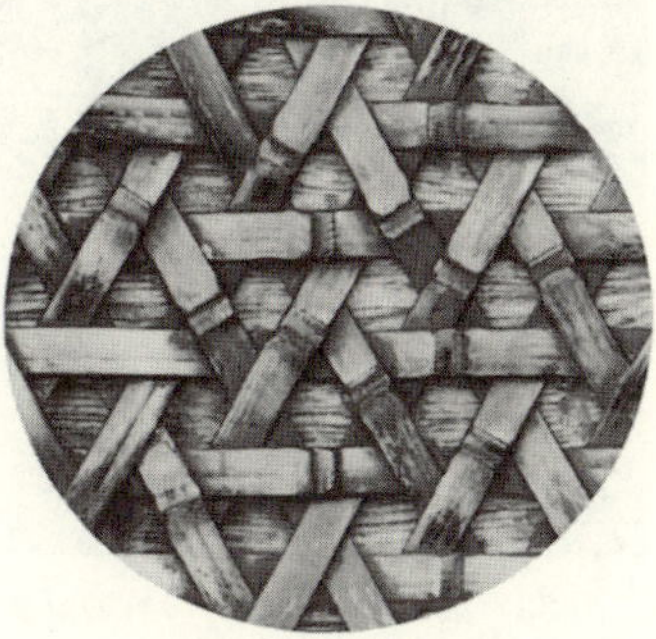

図 **31**　亀甲編み

図 **32**　浜田醤油のためのヤタラ組みの試作

図**33**　浜田醤油のための竹のジョイントの試作

に似合うかを捜した。亀甲編み（図31）などの名で呼ばれる、規則正しい編み方は、この粗削りの竹に似つかわしくなかった。ひとつだけピンとくる編み方があった。ヤタラ組みと呼ばれる、線材をほとんどめちゃくちゃ（ヤタラ）と思えるほどランダムに組んでいくという方法である（図32）。このランダムな組み方なら、竹自身がどんなに粗削りで寸法が不揃いで、しかもそったりねじれたりしまくっていても、なんとか全体としてバランスがとれそうに感じられた。

竹で最も難しいのは、竹と竹のジョイントである。四角い製材同士を組み合わせる日本の木造と比較したら、難易度の次元が違う。竹を裂いたもの同士をジョイントしようとすると、もっと難しい問題が生じる。ランダムなヤタラ組みは、部材と部材のぶつかる角度が一定とならないから、さらに難易度があがる。自分の首をとことんしめあげていく感じが、リアリティーを帯びてきて、周囲の顔もさらに険しさを増してきた。ジョイント部をヒモでしめあげて部材を接合する方法を試し、木片やエポキシ樹脂をはさんで、ボルトでしめるという方法も試したが、まだ決定打がみつかったわけではない(図33)。しかし難しいからこそ、見たことがない解答があらわれるチャンスがある。過去の繰り返しは最も簡単である。繰り返しからは感動は生まれない。新しい組み合わせが、新しい解答を要求する。熊本の明治の蔵とコスタリカの竹と南国の醤油。その組み合わせから、万里の長城とは一味も二味も違う、竹の建築が出現しつつある。

6

安養寺——土壁のデモクラシー

安養寺木造阿弥陀如来坐像収蔵施設(2002)

下関から日本海に沿って小一時間北上すると豊浦《とようら》町である。今は、下関市豊浦という。ここに重要文化財の平安時代の大仏様があり、それを保管するための収蔵施設を設計してほしいという依頼をうけて、安養寺という寺に案内された。大仏様がいるというのだから、余程大きな建築を想像していた。しかも木でできた仏様としては、日本一の大きさというのだから、すごいものを想像していた。しかし、現地に辿り着いたら、平屋の、それも年期がはいって壊れかけた民家と見まがうような寺だったので、多少拍子抜けした。本当にこの中に、重要文化財が収められているのだろうか。

木造阿弥陀如来座像。大仏といっても高さ二・七メートルなのでそれほど巨大なものではないが、それが畳敷きの普通の座敷の上に、われわれと並んで座しておられると、さすがに大きい。顔も手も大きくて、しかもそれが大きな木を削り出して作ってあるというので、とてもありがたい気持になった。しかし、それよりもありがたい気持になったのが、寺のまわりを歩きまわっている時に発見した奇妙な土塀である。日本の土塀には二種あり、ひとつは木製の柱と貫《ぬき》を心にして、その上に泥土を塗り固め、上部に瓦またはは枝をのせたもの。もう一つは瓦と粘土を交互に積み重ねて作る塀で、こちらは土塀ともいうが練り塀ともいう。しかし、豊浦の安養寺の脇で見つけた塀は、そのどちらでもなかった(図34)。

図**34**　安養寺の脇の壁

土の塀

その塀は半ば崩れていて、中身までよく見えた。中には柱も貫も通っていなければ、瓦を重ねて積んでもいなかったのである。ただの土の塊の上に、瓦をひょっとのせただけの、驚く程に単純で原始的な塀。しかも、やたらに厚い。さらによく眺めれば、四〇センチから五〇センチ角の大きな土のブロックをひとつひとつ下から積み上げて作ったようで、そのブロック同士のジョイントの線が残っているのである。

土に関してわからないこと、困ったことがあると、いつも相談する相手がいる。左官職人の久住章さん

図 **35**　西アフリカ，トーゴの日干し煉瓦の家

である。早速、件のぶ厚い塀の前から久住さんのケータイへと電話をいれた。もともとは淡路島で仕事をしていた久住さんだが、今は日本中を飛び歩いて仕事をしているので、ケータイでしか連絡のとりようがない。「すごく不思議な土塀が、今、目の前にあるんだけど、土だけでできてて……」「そりゃ、日干し煉瓦だね」。即答があった。一瞬、耳を疑っ

図 **36**　豊浦，日干し煉瓦を積んで作られた倉庫

た。日干し煉瓦といえば、砂漠の建築の材料で、アドベ（英語で adobe）ともいう。木も生えなければ石も手にはいらない砂漠や乾燥地帯の民が、家を作る時のやり方である。粘土質の土を捜してきて、草やワラを混ぜ、水を混ぜて練ってから太陽に干すのである（図35）。強度を出すために、家畜のフンや血を加える地方もある。アメリカでもプエブロ族と呼ばれるネイティブ・アメリカンの種族が、アドベの工法で家を作っていた。ネイティブ・アメリカンは一般には定住型の家を作らない人々であった。木の枝を組んで、そこに動物の皮を貼ったテントのような仮設型の家を作り、放牧型のライフスタイルを送るのが一般的であった。

アドベの家に定住するプエブロ族は、彼らの中では「変わり者」で、それゆえにプエブロ(家)族とあだ名されていたのである。

そんな乾いた場所で生まれ、乾いた場所に伝わってきた原始的工法が、この緑豊かな日本にどうやって伝わってきたのだろうか。しかも、この豊浦では、塀だけではなく、日干し煉瓦を積み上げて作った倉庫がいくつも現存していたのである(図36)。塀も蔵も、土を干した塊を積み上げただけの単純な構造であるにもかかわらず、数えきれないほどの地震や台風にしっかりと耐えて、今日でもしっかりと用をはたしているのである。

日干し煉瓦

町の中を歩きまわり、家をまわって、話を聞いているうちに、日干し煉瓦のいきさつが、ぼんやりながらわかってきた。まず、塀も蔵も、古代から伝わっていたものではなく、明治時代の産物であるらしいことがわかった。明治初期、農協も、国による米の管理もない頃、とれた米を自分の蔵に貯蔵し、値段の高い頃をみはからって市場に出して、ひと儲けするのが、この豊浦でちょっとしたブームとなった。そのブームにのるためには、急いで庭に蔵を作らなくてはならない。皆こぞって、庭の土を使って、手っ取り早く、蔵をたてたのである。木で作るよりは、はるかに安上がりである。何しろ庭の土なのだから、材料費はただである。

豊浦の土の質が良く、蔵や塀の強度の確保に向いていたのではないかという人もいた。かつて、日本の自動車産業は、エンジンを磨きあげるため、粒の大きさの揃った「豊浦土」を多く用いたのである。「豊浦土」は土のブランドだったのでもある。

豊浦をめぐるそんな様々な事情がわかりかけていた頃、パリで講演する機会があり、このアドベの工法を紹介した。すると、一人の聴衆の手があがり、「フランスにも同じようなアドベの家がありますよ」と話しはじめた。フランスでは、ナポレオン戦争直後にアドベが広まった。戦火によって家を焼かれ、森を焼かれた人々が、木材の手に入らない厳しい環境の中で、とりあえず住む家を確保するために、土を干して積み上げて家を作ったというのである。

豊浦のアドベも、フランスのアドベも、一見古代的、原始的工法と見えるものが、実は近代的な諸事情の産物であったというところがおもしろい。今日なら、さしずめブルーテントで仮設建築を建てざるをえない最悪の状況下で、素人が、庭の土を使って建築を作ったのである。その場所でとれた物を、その場所で消費することを地産地消というが、アドべは究極の地産地消建築である。木や石がない場所でも、地面がないというところはない。ブルーテントだってどこでも手に入るわけではないことを考えると、アドベとはブルーテントの上をいく、究極のサバイバル建築でもある。しかも、専門家の力を借りずに、素人が、積木を積むようにして建設できるところがすごい。

建築のデモクラシー

このようなセルフビルドの積木建築こそ、実は、二〇世紀のモダニズム建築の運動が初期に抱いた夢のひとつであった。二〇世紀のモダニズムの大きな目的が、「建築の民主化」であった。一九世紀以前の建築は、民主主義と程遠い極めて特権的な活動であった。建築とはすなわち、特権階級の施主が金を出し、建築設計者の特別な資格を持つ建築家が設計し、特権的に高度な技術を持つ施工者が工事をするものであった。三重の意味で、特権的であった。ヨーロッパの各都市に残る、石でできた権威的建築を見れば、二〇世紀以前の建築がいかに特権的であったか想像して頂けるであろう。このような特権性を打破し、民衆による民衆のための建築を作るというのが、モダニズム建築のひとつのスローガンであった。モダニズムとは、いわば建築を庶民に開放する運動であり、「建築のデモクラシー」

でもあったのである。

その夢の実現に最も適した工法のひとつが、コンクリートブロックを積み上げていく工法であった。同じく二〇世紀に着目された新しい工法である鉄骨造や現場打ちコンクリートは、プロの施工業者でなければ工事ができない。しかし、積木のようにして素人が組み上げて作るブロック造ならば、誰でも自分達で工事を完遂することができるのである。

まずブロック造のデモクラシーに注目したのはフランク・ロイド・ライトである。彼はロサンゼルスのバーンズドール邸(図37)で、立葵の花の複雑な形を作る時に、はじめてコンクリートブロックを用いた。複雑な花の形を、ひとつひとつ職人がコテで作っていったのでは、何年かかるかわからないし、値段もはねあがる。ひとつの型を作って、そこにセメントを流し込んでいけば、どんな複雑な形でも、どんどん生産することができる。そのようにして、ライトはバーンズドール邸を、立葵の花の姿をした美しいコンクリートブロックで埋めつくした。その後、一九二〇年代にロサンゼルスに計画した三軒の住宅で、装飾用ではなく建築本体を支える構造体の材料として、コンクリートブロックを徹底的に使った。ブロックのエッジに溝を切り、そこにセメントを流してブロックを接合するという最も単純な工法である(図38)。ライトは誇らしげに語った。「コンクリートブロックは最も安く醜いものだ。多くの場合、側溝などで岩肌の石材の代わりとして使われる。この側溝のネズミで何ができるか試してみたらどうだろう」(前掲、ライト自伝)。

しかし、ライトはしばらくするとブロック造に興味を失ってしまう。当時、一九二〇年代から三〇年代にかけてル・コルビュジエやミースらヨーロッパのライバル達が追求して

図 **37**　ライト／バーンズドール邸(1921)

図 **38**　ライト／エニス邸(1924)

いた、抽象的で軽やかな表現に比べた時、「側溝のネズミ」は、いかに民主的材料であったとしても、見掛けは、昔ながらの石積みのように武骨で、重たくて、とても「二〇世紀的」なものには見えなかったからである。うわべのスマートの美学が、いかに作るかという、本質的な議論よりも優先されたのである。かくして建築という存在の特権性をつき崩し、建築を民主化する大きな可能性を秘めたブロック造は、結局は再び「側溝のネズミ」として打ち捨てられたのである。

豊浦のネズミ

その一度は見捨てられた「側溝のネズミ」の復権も、安養寺のプロジェクトの大きな課題であった。ここに登場する「側溝のネズミ」は、どこにでもいるそんじょそこいらのネズミではない。現場の土にワラを混ぜて作った、正真正銘の「現場のネズミ」「地元のネズミ」である。その地で育った、そこにしかいない地ネズミの可能性が、いかに建築に力を与えてくれるかも、是非試してみたかった。しかも、このネズミは調温、調湿の機能までもっている。ただのコンクリートブロックとは、そこが大違いである。土を日に干せば、調温、調湿機能が備わるというわけではない。土の粒子の大きさが一定の範囲の内側でないと、湿度調整の機能はない。塗り壁の代表選手である京都の聚楽土《じゅらくつち》、盆栽に用いられる栃木の鹿沼土《かぬまつち》などは、しっかりとこの寸法の範囲に収まっている。運よく、この安養寺の土も、許容寸法の粒子サイズであった。とすれば、空調設備をつけなくて済むかもしれない。「土」という空調設備に頼ればいいのである。ならば当然電気代もかからない。何百年もの間、空調設備がない座敷の上にポツンと置かれていた大仏様には、よほどその方が気持がいいに違いない。重要文化財としての大仏を管理している文化庁も、こちらが様々なデータを用意したせいで、ならば空調なしで行きましょうということになって、「豊浦のネズミ」はいよいよごそごそと動きはじめたのである。

しかし、すぐに大きな難関にぶちあたった。土のブロックを積み上げていくやり方では、建築確認がおりないということが判明したのである。日本の建築基準法は、小さなユニットを積み上げて作る「組積造」と呼ばれる工法自体は認めている。しかし、その場合、石とコンクリートブロックという二種類のユニットを使った場合のみ、組積造と認定されるのである。現場の土にワラを混ぜて日に干したような、あやしげなユニットを使った建築には、とても建築確認などおろせるわけがないというのが、役所のもっともな言い分であった。

原理主義対自然素材

ここで途は二つに別れる。土のブロックをあきらめるという選択肢がひとつ。もうひとつは、土のブロックを使いながら、建築確認をおろしてもらうべく、折衷的な構造システムを捜し出すという途。われわれは躊躇なく第二の選択肢を選んだ。コンクリートの構造フレームの外側に、土のブロックを積み上げ、その二つの構造システムを、スチール製のジョイント金物で緊結するというのが、様々な試行錯誤の末に、われわれがたどりついた解決策であった。純粋な「土の建築」ではなく、コンクリートと土を併用した「不純」な建築であるという見方もできる。「自然素材原理主義者」はそう判断するかもしれない。「そんな不純なやり方をするくらいなら、土なんて使わない方がいい」。これが原理主義者の判断である。

しかし、われわれは原理主義を採用しない。原理主義は建築というリアルな世界には不向きである。もし、原理主義でいくならば、自然素材は間違いなく、この世の建築の中から、ひとつ残らず消えてなくなるであろう。何度も繰り返すが、自然素材は様々な弱さをかかえている。今日の建築素材の基準に照らしあわせれば、欠点だらけである。その「弱さ」をサポートするために、われわれは知恵をしぼる。時として、コンクリートや鉄の助けが必要なこともある。もちろん、できるだけ、そんな助けは借りたくはない。しかし、そうすることで救える時に、救うことをせず、自然素材自体を放棄する途を、われわれは選ばない。

制約への挑戦

予算の問題も、もちろんある。どんなにお金をかけても、純粋性を保たなくてはいけないと、原理主義者は主張するかもしれない。しかし、予算という制約のない建築はない。予算という制約を通じて、建築は社会と接続されている。社会が建築に何をどのように期待しているかの程度が、予算という指標によって具体的に示されるのである。社会と接続されていない建築とは、人々から必要とされない建築であり、人間の生活とはなんの関係もない建築である。無限にお金をかけてもいい建築は、社会とも人間とも関係のない、架空の建築である。人間と建築との間を「予算」という存在がとりもち、仲介しているのである。

だから「予算」を馬鹿にしてはいけない。「ケチな施主のせいで、ろくなものができやしない」とのろってはいけない。「予算」という制約のおかげで、建築は建築たりえているのである。その予算という制約の中で、「弱い」自然素材を救い出すための方策を見つけ出すという地味な作業こそが、大きな挑戦なのである。その労を惜しむならば、「欠点だらけ」の自然素材は、永久に失われ続け、世の中から消えてなくなるであろう。

そういったわけで、法律という制約、予算という制約と何とか折り合いをつけながら、日干し煉瓦でできた大仏様の「家」が完成したのである。久住さんは、その経験、技術のすべてを、この一見原始的な工法の建築に注ぎ込んだ。たとえば、雨がかかりやすい地面近くに積む日干し煉瓦のブロックには、セメントを少し混ぜたほうがいいと彼はアドバイスしてくれた。土だけを干したものだと、雨にあたってどんどん表面から溶けて流れてしまうという指摘だった。原理主義者にいわせれば、セメントを混ぜたブロックは「不純」で自然ではないということになるかもしれないが、そんな議論を闘わせている間に、建築はみるみる雨で溶けて流れていってしまう。涙をのんで数え切れない妥協を重ねた結果、建築やっとのことでなんとかひとつの失われつつあった自然素材を救い出すことができたのである。そのようにして地ネズミを、すんでのところで救出できたのである。

7 亀老山展望台——自然と人工の境界線

亀老山展望台(1994)

島の道は狭い。舗装されていない細い道を、小さな車でのぼっていく。めざすは亀老山《きろうさん》という奇妙な名前の山の山頂である。みかん畑を過ぎ、暗い森の中を、枝や葉をこすりながら抜けたわりには、辿りついた山頂は、あっけらかんとした、明るい駐車場であった。もともとの山の頂上が切り落とされてアスファルトで舗装され、白い線がひかれていた。見わたせば、四周に瀬戸内海の島々が散らばっている。このあたりは芸予諸島と呼ばれ、島の数が多く、多島海の風情が美しい。亀老山はその中の大島にあって、愛媛県今治市に対面している。真下の小島を見下ろせば村上水軍の城の跡とされる石垣が見えたが、人が住んでいる気配はなかった。

ここに町のシンボルとなるような展望台を建ててくれというのが、町長のリクエストであった(現在は今治市の一部)。町で一番高い山の頂に、町のシンボルを作るというのは、別に驚くような発想ではない。しかし、このアスファルトの駐車場の上に、塔のような姿をした展望台がぽつりとたつ姿を想像すると、いかにも寂しげで耐えられなかった。石貼りの塔にしようと、木製の塔にしようと、そのぽつりと立っていることの寂しさは、消し去

図 **39**　復元された亀老山山頂に展望台を埋め込む

りようがないと感じた。

山頂の屋外劇場

一ヶ月ほどたって、われわれが提案した展望台の案は、おそらく、町長が期待していたものとは正反対のものであった。彼は模型を見るなり、ウーンと唸ったきりであった。われわれは山頂をもとの山の姿に復元する案を出したのである。その復元された山に、スリットのようにして展望台を切り込む案である(図39)。このスリットは、地上からはほとんど見えない。この展望台は見えない建築なのである。外観がなく、形がない。樹木の間から土に刻みこまれたスリットにわけ入り、大地に体ごと包まれる。見上げれば四角く切り取られた瀬戸内海の青空。正面には天にのびる階段。その段を登りきると、多島海の上に、突然身体が投げ出されるとという仕掛けである。通常人々が想像する塔のような展望台がオスの建築であるとしたならば、これは山に刻み込まれたメスの建築である。

このメスの体内の大階段は、屋外劇場の客席でもある。二〇〇人が座れるように、階段の寸法を決定した。人口八〇〇〇人の町には文化ホールはない。芸能人が来れば、中学校の体育館が公演の場となる。古代ギリシャの円形劇場(図40)のような断面形状をもつこの大階段は、どんな文化ホールにも負けない劇場になると説明して、「見えない建築」の案に唖然としている町長を説得しようと試みた。こんな展望台をたてると、二〇〇人の劇場というおまけがついてきますよという、わかりやすい話から始めたのである。なぜあんな美しい山に今さらモニュメントがいるんだ、あなたは自然破壊派だなどと相手を責める言い方をしてはいけない。いよいよ相手は防御的になって、物事は進まない。相手がのれる話題にひきこんで、同じ土俵に立つことから始めるのである。

この説明でのミソは、例としたのがギリシャの円形劇場であって、ローマ時代の円形劇場(図41)ではないというところである。ギリシャでは円形劇場の多くは自然の地形を利用して建設され、すりばちの底にある舞台の背後には壁がたてられず、空間そのものが外部の自然環境へと開かれていた。

しかし、ローマになると劇場の多くは自然斜面を利用せず、人工的な構築物として、自然とは縁を切った形で建設された。舞台の背後にはやがて宮殿のような建築がたてられるようになり、劇場は外部の自然とは切断された人工的な建築へと向かって、どんどんと進

図 **40**　アテーナイのディオニュソス劇場

図 **41**　リビアのサブラータの劇場(古代ローマ時代)

化していったのである。

このローマ風の劇場は、ローマの文明というものの性格を象徴している。すべての道はローマに通ずるといわれた、圧倒的物量による道路整備。ギリシャ建築とは比較にならない規模、高さを誇ったローマ建築。ローマ帝国の礎を築いたといわれる、初代皇帝アウグストゥスは、多方面での様々な業績があったにもかかわらず、自分の治世をふり返って、自分がなしとげたことをひとつあげるとすれば、レンガで作られていたローマを、大理石のローマに作り換えたことだと語っている。彼は建築というものの力を、そこまで信頼していたということであり、ローマの本質が「建築的文明」であったことを、その一言は見事にあらわしている。そのローマの土建業的文明の延長線上に、そのギリシャからローマへの転換の延長線上にヨーロッパの文明が築かれたわけで、さらにその延長上に二〇世紀の文明があった。

その進化のはてに、われわれを取り囲むハコモノと呼ばれる建築群があるとしたならば、この展望台は、その進化の方向をもう一度反転させる提案である。ギリシャの劇場風に、地形そのものを材料にして建築を作る提案なのである。時間の流れを逆転させて、人工的に立ちあがるハコモノを、ギリシャのさらにその昔の、もとの山の姿に戻そうとしたのである。

この建築の材料は何かと問われたら、山という答えが正解かもしれない。山そのものを材料と見立てるところから、計画はスタートした。カットされた平たい地面の上に、U字型にコンクリートを打ち、そのまわりに土を盛り、もとの山のシルエットを復元していくのである(図42)。

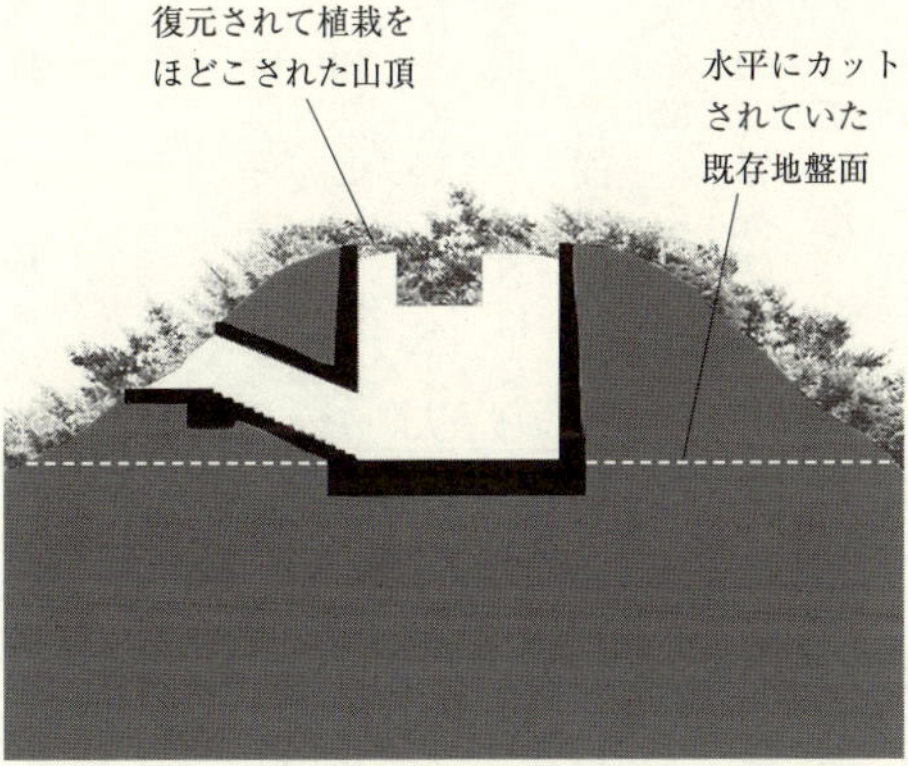

図 **42**　亀老山展望台断面図(1994)

亀老山の土質は真砂土《まさど》であった。花崗岩の風化でできた土で、砂のように崩れやすい。台風の大雨で、真砂土の盛り土が流れてしまうことが最も心配であった。大雨で土が流れてコンクリート製の擁壁が露出してしまったら、「自然な建築」「見えない建築」どころの騒ぎではなくなってしまう。真砂土の中深くにはステンレス製のメッシュを敷き込み、さらに表土が流れないように、樹木の種と肥料と糸を混ぜたドロドロの液体を、土の上から撒いた。樹木が根をはるまでは、このからまりあった糸が、土の表面を保護するのである。

自然とは何か

自然という得体が知れないほど奥行きの深いものを材料としたならば、この真砂土の流出をくいとめる工夫のように、あらゆる危険を想定してディテールを考案し、施工方法を選択しなければならない。

一番簡単でリスクがないのは、コンクリートのハコのような建築を作って、あとで庭に樹木を植えるという従来のやり方である。そうやって、人工物と自然とを、従来の仕事と自然の境界線に従ってきっぱりと分割すれば、自然はわれわれと無関係な場所で、おとなしくしている。自然と人工とを分割するこの分割線を、少しでも変更しようとすると、自然は思わぬ行動をわれわれに仕掛けてくる。真砂土が流れてしまって、山は無残なハゲ山になってしまうかもしれない。自然のふるまいを完全に予測するのは難しい。

しかし逆に、自然と人工との境界に徹底して着目し、その場所にふりかかるあらゆるリスクを想定しながら、その境界線を丁寧にデザインしなおすことができれば、自然はかつて見せたことのないようないきいきとした表情を見せる。いきいきとしてわれわれに近づいてくる。

じっくりと観察すれば、日本庭園とは、そのような境界線のデザインへの挑戦の歴史そ

図 **43**　平等院鳳凰堂の州浜

図 **44**　桂離宮の桂垣

のものであった。定まった境界線の中でそれぞれが美を競うのではなく、境界線の引き方自体をいじることが、建築にとっても、庭園にとっても新しい世界の創造につながることを、日本人は理解していた。たとえば陸からではなく、舟で海や池から建築にアプローチすることから舟入《ふない》りとも呼ばれる、建築と水面との融合。州浜《すはま》と呼ばれる、池と陸の境界部分に対する、人工物と自然とも呼びがたい、微妙で曖昧きわまるデザイン（図43）。あるいは桂離宮の桂垣と呼ばれる驚嘆すべきデザイン（図44）。そこでは生きた竹を、生きたまま折り曲げ、編み込んで、垣根と呼んでいいような人工的な境界を構成するのである。

州浜でも桂垣でも、人工とは何か、自然とは何かということが、原点に立ち戻って問い直される。人工であること自体に対して疑義が投げられ、人工であることに対して、根本的な問いかけが行われる。人工とは何かと問うことは、結局のところ、生きるとは何か、人が生きるとは何を犠牲にして、何を傷つけることによって可能となっているかを問うことになる。州浜や桂垣を眺めているうちに、ついにはその問いにまで到達してしまうのである。

日本庭園は新しい造型を提出することによって進化したわけではない。人工と自然との境界線を絶えず引き直すことで、進化を続けた。人工とは何か、自然とは何かを問い続け

図 **45**　亀老山展望台，盛り土に泥と種子をまいた「未完成」の状態(1994)

ることによって、進化し続けたのである。自然と人工に対する哲学的思考の産物が日本庭園であったといってもいい。言葉による哲学を信用せず、庭園を通じて自然を哲学し続けてきたともいえる。偶然、亀老山のプロジェクトも、山の中にあえてモニュメントを作りたくないとあがいているうちに、そんな種類の仕事になってしまった。

竣工の日

亀老山での自然の処理になんとか目安がついたところで、最後に一番難しい問題につきあたった。いったいいつをもって、この建築の完成年月日とするかという問題である。

通常の建築のスケジュールは、先述したよ

うな「コンクリートの時間」に従っていて、ある特定の日にコンクリートはとり返しのつかないほどに固まってしまうから、竣工の日時を特定するのはたやすい。しかし、この展望台は、通常の工事完了日には、盛り土の上に黒い泥をまいた状態で、めでたく竣工したとはとてもいい難かった。来春、種子が芽ぶけば少しはましになるだろうが、一冬こしたぐらいではとても完成とはいい難い。

結局この建築は形もなく、外観もないのだから、竣工日時もなくていいのではないかということで、関係者一同が妙に納得したのであった(図45)。

自然とは何か、人工とは何かと問いつめていくと、建築のあり方が変わるだけで、ことはすまない。時間の定義すら変わってくる。時間の流れ方すら変わってくる。自然とは何かと問うことは、時間とは何かを問うことだし、生とは何か、死とは何かを問うことにもつながるのである。

8 和紙——究極の薄い壁

高柳町，陽の楽家(2000)

江戸時代までの日本の家にはもともとガラスがなくて、和紙で内と外を仕切っていたということに気づいた時は、衝撃を受けたといっていいほどにびっくりした。なにしろ日本で最初に板ガラスの生産を始めたのは一九〇七年という「最近」なのである。あの薄っぺらな紙と板で内と外を仕切るという繊細な文明に、もう一度たちかえれないだろうか。台風も地震も雷も大雪もある国で、一枚の和紙が、建築の内と外とを仕切っていたのである。自然という相手とそのようにしてつきあっていたのである。その驚くべき事実に気づいた衝撃のあと、コンクリート、鉄、ガラスといった武骨な素材で自然から身を守る時代の前の、しなやかな建築、しなやかな文明をもう一度作れないだろうかと、ずっと考え続け、試し続けている。

新潟の高柳町(現、柏崎市高柳)の萩の島という集落は、茅葺《かやぶ》きの民家が多く残る高柳の中でも、とりわけ茅葺きの家の率が高く、週末になると、全国からカメラマンや画家が集まって、三脚やイーゼルが畦道に並ぶ。そのまん中に小さな集会所を設計してくれと頼まれた時、最初は建築家がやることはなにもないと思った。まわりの茅葺きの家にあわせて、平面の大きささえ決めれば、あとは何ひとつ考える必要はないと思ったのである。しかし、まわりの茅葺きをよく観察すると、ガラスがはまっているだけでは足りずに、アルミサッシまではまっている。もちろんその方が気密性が高く、台風がきても安心だというもっともな理由があるのは理解できる。しかしそもそも日本の家は、ガラスなんていう無骨なものははまっていなかったと気づいた時に、この田んぼの中でこそ、長年あたためてきたあの挑戦、和紙だけで内と外を仕切った建築という、野蛮なのか繊細なのか判別しにくい小箱の実現に挑戦すべきだと、ひそかに心を決めたのである。

小林康生氏

とはいっても、この高柳で、この萩の島から遠くない門出の集落に住む、小林康生という手漉き和紙の職人と出あわなかったら、この挑戦には踏み切れなかったであろう。今の日本の手漉き和紙は、そもそも使っているコウゾが中国産やタイ産で、昔のコウゾとは繊維の長さが違っていて、さわり心地がまるで違うのだと看破して、家の庭に昔ながらのコウゾを植えて、それを使って紙を漉く、という手間のかかる仕事をやめようとしない小林さんは、手漉きの和紙が民芸でも、おみやげでもなくて、今を生きるテクノロジーであることを僕に教えてくれた。いたずらにごてごてしたテクスチャーをつけたり、木の皮のような異物を漉きこんで、和紙を民芸に仕立てあげることを彼は好まない。彼のテクノロジカルなアプローチがあれば、和紙だけで内外を仕切る時に生じる様々な機能的問題——断熱性、すきま風、防水性、防火性、防煙——もなんとかクリアできるのではないか。そんな期待を抱かせる骨の太さが小林さんにはあって、僕はこの長年の夢に向けて、小林さんと共に踏み出すことにしたのである。

しかし、実際に「ガラスもサッシも使わずに和紙だけで、建築を作ってみたいんだよな……」と小林さんにもちかけてみたところ、「そんなのは無理だよな」というにべもない返事が返ってきたのである。「もちろん作るだけなら作れるけんどー……」。しばらく気まずい沈黙があった。「できたあとで、絶対文句がくるぞ、やり直せとか、貼りかえろとか……」。

僕はそばにいた春日さんに助けを求めた。春日さんは高柳町のふるさと振興課長という役職で、いわばこのプロジェクトの発注者であった。しかし、彼は単に機械的に発注という仕事をこなしていただけではない。春日さんの自宅はプロジェクトの敷地である田んぼの中の空き地の目と鼻の先にあって、そこに何がたつかはとてもひとごとではない距離だったのである。自分の玄関のまん前には何としても、茅葺がたってほしいというのが、春日さんの切実な願いであり、決意であった。町の中にも、そして同じ萩の島に住む近所の仲間の中にも、反茅葺きの人達がたくさんいた。見ためも古くさく、茅葺きの職人がいなくなってしまったせいでイニシャルコストもかかるし、そのくせ二〇～三〇年したら腐ってしまうような茅葺きで建築を作るのは、税金の無駄遣いでしかなく、過疎の自治体が直面するこの深刻な財政の状態の中で、いまだに茅葺きにこだわっているのは、経済感覚のない、世間知らずのロマンチストだというのが、反茅葺き派の主張であった。

「茅葺きがなくなったら、高柳に何が残るのか」と、逆に春日さんは問い掛けを続けていた。トタン屋根と新建材の家が並ぶような高柳は、都会の人間にとっても、そしてそこに住む人間にとっても、何の魅力もないと彼は確信していた。茅葺きこそが、高柳の誇りであり、命であって、その誇りを失ったら、町はどんどん坂道をころげ落ちるだろう。そう考えて、春日さんは闘い続けてきたのである。

和紙で作る建築という向こうみずのアイデアに、その春日さんが賛成してくれたのである。町の現状を知りつくしている彼が賛成してくれたので、これはいけると確信した。デザイナーがどんなに情熱をもち、気持が盛り上がっても、発注者がその情熱を共有してくれなかったら、そのプロジェクトはうまくいかない。和紙でできた、きわめつきのやわらかな建築というアイデアに春日さんが共感してくれた時に、このプロジェクトは成功すると、僕は確信した。

柿渋とコンニャク

二人の情熱で、小林さんの説得にかかった。最後は小林さんが折れた。「まあ、東京の現場でこれをやれって言われたら、絶対やらんけど……まあ、ここは家の近くだし、やり直せっていわれても、すぐ来れるからな」。捨てぜりふのような一言をはいて引き受けてくれた。

「それなら、柿渋とコンニャクだ」。いざとなると、次から次へと、小林さんの口からアイデアが溢れ出てくる。「コンニャク？　食べるんじゃないの……」と聞き返した。柿渋を塗ると和紙が強くなるという話は聞いていたが、コンニャクの効能は知らなかった。コンニャクをお湯でといてドロドロにし、ハケで和紙に塗りつけるのである。これをしないと、和紙はこすっているうちに、すぐにけばだって、繊維がどんどんばらけ、しまいにはぼろぼろになってしまう。

高柳は豪雪地帯なので、冬になると三メートルも四メートルも重たく湿った越後の雪が積もる。その時にはさすがに、紙だけでは雪の重さを支えきれないから、和紙の外側に木の板をたてかける必要がある。落とし板と呼ばれる、地域に伝わる昔からの技術である。しかし、冬以外でも、横なぐりの雨や台風はあるだろう。その時には、落とし板の助けもない、一枚の薄くたよりない和紙が、横なぐりの雨粒から建築を守る必要があるのである。コンニャクと柿渋の魔法の力に期待するしかない。コーヒーをこぼす実験をしても、コンニャクと柿渋の効果は覿面《てきめん》であった。コンニャクも柿も、食べるためだけにあったわけではない。

「このやり方は、風船爆弾に使われてたんだ」と小林さんが教えてくれた。第二次大戦中に、風船爆弾というとんでもない兵器があった話は聞いていた。しかし、そんなものは敵の上陸にそなえて用意された竹の薙刀と同じで、一種のヤケクソと狂気の産物に違いないと思い込んでいた。しかし、よくよく調べてみると、風船爆弾とは驚くほどに考え抜かれた、当時の最先端ともいえる科学的兵器であったのである。

第二次大戦の終盤、すでにビニールなどの樹脂を使って風船を作るのに必要な、石油もお金も、日本には残っていなかった。しかし、和紙で風船が作れるならば、全国の和紙の生産地を動員することができる。最終的には四万発の風船爆弾(「ふ号」と呼ばれた)がアメリカにむかってうちあげられ、そのうちの六〇〇発が太平洋を越え、六人のアメリカ人が命をおとした。兵器の専門家の分析によれば、この種の無差別攻撃の兵器として、これは驚くほどに高い確率であった。竹の薙刀どころではなかったのである。当時の日本の大気圏の気流分析技術は世界一であり、和紙を柿渋とコンニャクで強化する技術も完璧で、結果、アメリカを震撼せしめる兵器が完成したのである。

事実、アメリカは厳密な報道規制を敷いて、この兵器の被害を新聞、テレビ、ラジオ、一切報じなかった。徹底した報道管制が実施された。アメリカにとっては二〇世紀に入ってはじめて経験した本土への攻撃であり、しかも子供も含めた民間人が無差別に殺傷される可能性が明らかになれば、国民の間に大きな不安が拡がる可能性があり、政府は一切の報道を許さなかったのである。しかも、紙と紙の接着剤が何であるか、研究機関が徹底的に分析を行ったが、結局最後までわからなかった。アメリカには接着に使われたコンニャクは栽培されていなかったのである。

木の皮の繊維を漉いて作った、指を突きたてれば簡単に破れるほどの弱い薄紙が、原子爆弾を作れるほどの技術と経済力をもった大国を震えあがらせた。高柳の小さなプロジェクトも、不謹慎かもしれないが、それにあやかりたいと思った。元気が少しずつ湧いてきた。

高柳の人々が茅葺きの是非で、ひざを突きあわせて真剣に悩んでいるあいだにも、東京には超高層がどんどん建設されている。先端の技術と経済力が一つの目的のために結集されて、驚くほどの短期間で、二〇〇メートルも三〇〇メートルもの高さの超高層ビルが建設されていく。単純な目的があれば、人数とお金を投入して、短期間で数百メートルの塔を作ることなど、わけもないのである。時代おくれの茅葺きで、ピカピカの超高層に対抗するのは、とても不可能と感じられる。しかし、風船爆弾という手もあったのである。全国の和紙産地が立ちあがり、職人が一人一人手で漉いた紙が集められて、大きな力となった。どこからともなくとんでくる、きたならしい薄紙でできた風船が、原子爆弾の国を、おびえさせた。再び柿渋とコンニャクの力を借りて、超高層相手にそんな大逆転ができたら最高じゃないか。風船爆弾のストーリーを聞いて、僕らの気持はさらに盛り上がったのである。

図 **46**　高柳町，陽の楽家(2000)

もちろん柿渋とコンニャクを塗れば、すべてが解決というわけではない。セキュリティー、断熱、防火、防炎などの問題は依然として残る。セキュリティーのためには、和紙を破られても簡単には侵入できないように、障子の木の骨組みを太くして、ピッチも細かくした。たばこを投げつけられて火事になったら大変なので、カーテンの防炎加工の専門メーカーと協同して、紙に防火、防炎加工をほどこした。断熱のためには和紙を二重貼りにして、その間に熱伝導を遮断する空気層を設け、枠と枠がぶつかるジョイント部分にはすべてモヘアを入れて、隙間から風が入りにくい収まりとした。

もちろんこれだって、大企業によって考

え抜かれたアルミサッシのディテールと比較したら、隙だらけだし、断熱性能は格段に落ちる。そうとわかっていても、やれることだけは全力でやるというのがわれわれの流儀である。自然素材だから、駄目なところは目をつぶって当然だというふうに、手を抜かない。開き直らない。こっちが開き直ってしまったら、あっちも開き直り、お互いの主張はどんどんずれていく。結果として、主張はもの別れにおわり、何も実現しない。そういう不毛の対立をさけるために、最も大事なのは、お互いに相手の主張を認めて、こちらでできることは精一杯やることである。そういう粘り強さがなければ、自然素材が建築に復活することは二度とない。

全員が開き直らなかったせいで、高柳では和紙の建築「陽《ひかり》の楽家《らくや》」が実現した。床にも板の上にコンニャクと柿渋で処理した和紙を貼り、建物の中に入ると、和紙で身体がくるまれたような錯覚を覚える。コンクリートの建築でも、アルミサッシの建築でも、絶対に味わえない安らぎがある(図46)。

「ふ号」からの手紙

風船爆弾には余談がある。この高柳の建築が出来あがって、新聞に小さなコラムを書いた。風船爆弾の技術を使って、新潟の山の中に小さな茅葺きを設計したという話である。しばらくして、ほぼ同時に、二通のはがきが届いた。ほとんど同じ文面であった。私は戦争中に、実際に風船爆弾の製作にたずさわっていました。記事を読み、懐かしくなって手紙をおくらせてもらいました、という内容であった。「ふ号」はそんな昔の話ではなかったのである。

いつのまにか、僕らの国は原子爆弾が作れる方のサイド、超高層のサイドに属したつもりになっていた。「ふ号」は歴史上の遠い話と思っていた。しかしほんの少し前までは、「ふ号」のサイドに、この国は立っていたのである。この素朴な大地から「ふ号」を作りあげる技、力が、国のあちこちに、溢れていたのである。もう一度、その力を呼びおこしたい。大地と人間とのつながりを回復したい。二通のはがきが大きなはげみになった。

サントリー美術館の和紙の壁

さらにもうひとつ余談がある。高柳の建物が竣工してしばらくして、東京ミッドタウンというプロジェクトにかかわることになった。敷地は一〇ヘクタールもあるし、まん中にそびえる超高層ビルは五四階建てで高さは二四八メートルもある。先ほどのたとえでいえば、時代の最先端を結集した原子爆弾のサイドの建築である。その中にサントリー美術館の設計を頼まれた。

この手のプロジェクトの進行速度はおどろくほどのスピードである。プロジェクトに投入される金額が莫大であるから、一日でも完成が遅れると、金利だけでとてつもないことになる。設計においても、施工においても、スケジュールが最優先される。そのような条件下では、実際には、新しい素材を使ったり、やったことのないディテールに挑戦するのはきわめて難しい。新しいものを試すには当然図面段階での検討にも時間がかかるし、図面でいけるとわかっても、試作を作って、耐久性や使い勝手を試さなくては不安が残る。新しいディテールを提案しても、そんな悠長なことはやってられないと、一蹴される。ありきたりの素材、ディテールの順列、組み合わせで、とりあえずスケジュールにのせなければならない。その結果、この種の建築は、「都市の最先端」「時代の最高峰」を謳うわりには、退屈でつまらない、どこかで見たものの寄せ集めになりやすい。

折角の東京のどまん中で、皆が注目する建築なのに、そんな「大人の」やり方を見習っていてはつまらない。そう考えてサントリー美術館では、材料でもディテールでも、あらゆる抵抗を試みた。スケジュールの大プレッシャーの中で、ギリギリに挑戦し続けた。一番の挑戦が、小林さんの和紙を、一番大きな吹き抜け部分の壁面に使うことであった。

こんな規模のビッグプロジェクトの中に、やわな自然素材を用いるということ自体が、まず尋常ではない。「大人」の常識をはずれている。自然素材は色が変わったり、傷がついたりしやすいという問題がある。だからこそ素材の温かみがあり、味があるのだが、巨大施設を管理するサイドとしては、変色や傷によるクレームが、なにより問題となるのである。それゆえ木を使っているように見えるところでも、実際には木の模様をプリントしたプラスチック製のフィルムを使う。それが「大人」のチョイスである。

ましてや手漉きの和紙なんていうのは、問題外というのが最初の反応であった。メンテはどうなの、工期に間にあうのという強迫じみた質問に、しっかりとした答えを出さなければならない。一日に数千人が訪れる施設で、人々が興味本位に和紙にさわっていっただけで、すぐに和紙は変色し、ボロボロになるはずだという疑問にも答えを出さなくてはならない。

和紙をあきらめてしまえば、そんなに簡単で無難なことはないだろうと、何度も思った。一見、手漉き風に見えて、実は工場で大量生産しているという和紙風のシートもあった。わざわざ手漉きにすることで、建築ができたあとでも眠れない夜をすごし続けるなんて、

図 **47**　サントリー美術館，アトリウム（2007）

われながら馬鹿げているとも考えた。しかし、ここはあえて、小林さんの「ふ号」を実現してみたいと思った。あんなに大きな開発の中でも、あんな殺人的なスケジュールの中でも、その気になりさえすれば手漉きの和紙という欠点だらけの素材を使うことができる。そのことによって個人の技と粘りの価値を、東京の最先端の開発のどまん中で、人々に思い知らせたかった。

そのために、小林さんはフル稼働してくれた。半月で一二〇〇枚もの和紙を、自分の田んぼの中の小さな工房の中で、すべて手で漉いたのである。柿渋、コンニャクという「テクノロジー」も、人々を説得するのに大きな力となった。なんといっても高柳では、台風の日にも、柿渋とコンニャクが弱い和紙を守ってるのだから(図47)。

和紙の横縞

ここで再び話をディテールに戻そう。小林さんは、木の皮の黒いところを余分にいれたり、太い繊維をわざとらしく混ぜたりして、いたずらに手漉き風の粗々しいテクスチャーをつけることを好まない。それでも小林さんが漉いた和紙のテクスチャーは、普通の和紙とはちょっと違っている。さらっと見ると見過ごしてしまうほどに目立たないのだが、小林さんの和紙には、細い横縞が見えるのである。

昭和三〇年代までの手漉き和紙には、すべてこの横縞がついていた。ところが、それ以降は、本物の手漉きからも、この縞模様が消えてしまったのである。理由は、手漉きのプロセスで最も大事な道具である簀《す》の作り方が変わったからである。以前の簀は、細い茅を使いそれを馬の尾の毛でたばねて作られていた。しかし、昭和三〇年代以降の簀は、茅のかわりに竹ヒゴを使い、それを絹糸でたばねるようになった。かつては竹ヒゴの方が竹を加工する分、値がはったのだが、今は逆に茅の方が高くなってしまったのである。この簀の転換で何が変わったのか。竹ヒゴは竹を人工的に加工したものだから直径寸法は揃っている。しかも、それを細い絹糸でたばねるので、ヒゴとヒゴの間の隙間は小さく、しかも寸法が同じである。一方、茅は直径もバラバラだし、馬の毛も太いから、隙間が目立ち、目をこらせばできあがった和紙に横縞が見えるのである。

小林さんと僕は、この横縞に徹底してこだわった。注意してみなければ気づかないのだが、この縞があるかないかで、紙の透明感が違って感じられる。横縞がある昔の手漉き和紙には微妙な透明感があるが、最近の手漉き和紙は、べとっとしたように重たく、空間がその先に抜けていくような軽やかな透明感が感じられないのである。

その横縞を作るために、小林さんは特別な簀を隠しもっていた。簀を作る職人に特別に頼んで作らせたもので、小林さんはこれに宇治簀という愛称をつけている。この宇治簀で漉くと、昔ながらの横縞がよみがえるのである。日本のコウゾで漉くと、表面がこんなにツルツルするだろっ、と小林さんにささやかれた時と同じにぞくっとした。注意深くしていないと、見過ごしてしまうような差異。そこにかけるエネルギーの価値を、認めるか、認められないかである。高柳のプロジェクトの和紙も、そしてサントリー美術館の和紙も、すべてこの横縞がついている。その横縞の裏側に、莫大な手間と時間とが隠れている。

終章　自然な建築はサステイナブルか

日本の建築への視線

海外で、実際のプロジェクトに携わったり、講演をしていると、日本の建築や建築家に対する関心の高さに驚かされる。理由を探ると、単にシンプルなデザインが好きだというだけではなく、日本の建築は、自然にやさしい建築、自然を大事にする建築だ、という評価あるいは期待のようなものがその背景にあるのがわかってきた。ギリシャ、ローマから二〇世紀のモダニズムに至るまで、西欧中心に動いてきた建築の歴史の大きな流れが、結果として今日の都市問題、環境問題を招いたのではないか。日本の建築的伝統が、その西欧的建築へのアンチテーゼとなりえるのではないか、という形での、日本建築への評価である。

そのような高い評価のさらに先に、日本の建築デザインが、実際にも地球環境問題の解決に役立つのではないかという、科学的な期待が控えていたとしても、そう不思議ではない。地球環境問題が、ここまで深刻で切実になったら、自然と建築というテーマについて語れば、当然美学的な曖昧な説明だけでは満足できなくなり、科学的な側面に関心がいくのは当然の流れである。

木と環境問題

実際、海外での僕の講演の後に質疑の時間をとると、その種の科学的見地から、僕の建築に対する質問が寄せられるケースが多い。たとえば、「木を使う建築は、見かけはいいかもしれませんが、森林の伐採は問題ないのですか」という質問。

この問いには、素直に科学的に答える。「木材資源は、計画的な伐採と植林を行うことが最も重要であって、そのようにすることではじめて、森林は持続可能（サステイナブル）な資源となります。逆に安い外国産材の影響で、伐採すればするほど赤字になるという理由で、間伐する費用もなく、荒れ放題に放置をしている日本の森林は、様々な環境問題をおこしています。表土も不健康になり、保水性能が失われて洪水の原因ともなっています。木材は、光合成によって、空気中の二酸化炭素をその内部に固定する働きがありますから、長寿命の建築材料として長く大事に木を使用することが、地球温暖化の抑制に対しても、大きな効果があるんです」と優等生的に答えるのが常である。「同じ木を使ったとしても、ロシアやアメリカの木を日本に輸送して使うと、輸送の時に二酸化炭素を排出するので、温暖化抑制の効果は落ちるんです。やっぱり、裏山の木が一番です」。

和紙の建築の環境負荷

次にしばしば寄せられるのは、新潟・高柳の和紙の建築に対する質問である。「和紙は確かに柔らかくて、感じはいいかもしれませんが、断熱性能や、気密性能という点ではどうでしょうか。結果として、冷暖房のエネルギーを浪費する建築になっているのではないのですか」という質問である。

一枚の和紙だけで、内部と外部とを区切っているというのは、石造りの厚い壁に慣れている西欧人の目から見ると、とんでもなく不合理なものに見えるらしい。しかもその場所が、三メートルも四メートルも雪が積もる豪雪地帯だという話を聞いて、余計に彼等はショックを受けて、このような質問が出るのである。

この質問への答えは、その日の気分によって様々である。「自分は計算というものをそもそも信じていないんです。環境に対する負荷を計算する際、環境というフレームをどう設定するかによって、計算の答えはまったく違ったものになりえます。だから環境問題では、昨日まで悪役だったものが突如評価されたり、昨日までの善玉が、突然悪者になることはしょっちゅうです。計算のフレーム(範囲)を変えることで、計算結果はたちまち正反対になるというのが環境問題なので、今日の計算結果を僕は簡単には信用していないんです」と突き放してしまう日もある。確かに、環境問題にはこういう側面もあるけれど、大学の工学部の教員も務める人間の答えとしては、自分でもいかがなものかと思う。

環境技術と文化

もう少しやさしくて親切な気分の日には、ライフスタイルの文化的な違いを使って説明を試みる。「そもそも日本と欧米とでは、身体の快適さに対する定義が違うのです。欧米では、部屋の空気の温度だけで快適さを定義しようとする。寒い日には、部屋全体の室温を上げようとするから、あの和紙の建築でそれをしようとすると、暖房費がかかって、エネルギーの無駄遣いという結論が出てしまう。でも日本では、そもそもそんな形で部屋全体を暖房しない。たとえばこたつと呼ばれる家具があって、そのふとん付きの小さなテーブルに足をつっこむと、足の部分が温まって、室温が低くても、とても快適なんです。室温を高くする必要は全然ない。むしろ室温が低いぐらいの方が、頭がすっきりして快適なんです。そういう昔ながらの日本の生活の知恵を、僕はもう一度見直したい。この和紙の建築も、そういう欧米流の室温第一主義で評価すれば、エネルギー消費型という烙印を押されてしまうかもしれないけれど、そういう画一的な評価方法で、それぞれの文化が持っているユニークな環境技術を否定して、世界を画一化するのは、もっとまずいことじゃないかと思うんです」。

とはいってみたものの、隙間だらけの家で、暖房をがんがんたいている家も日本にはたくさんあるわけだから、それほど単純に胸をはれるわけでもない。

プラスチックは悪い素材か

三番目に多い質問は、自然素材の利用に関するものである。ここで取り上げた作品のように、木、石、和紙といった自然素材を使っているものに文句をいう人はあまりいない。しかし僕は、時々、プラスチックを使った建築も設計している。「木や石の建築には共感しますが、なぜプラスチックを使った建築を作るのですか」と問い詰められることもしばしばである。

「自然素材と人工素材の境界ってそんなにはっきりしたものでしょうか。プラスチックだって、もとを質せば、生物の死骸だし、自然と人工の間にはっきりと線をひいて、片方をいい者、片方を悪者にするのが、そもそも西欧的な二項対立的思考法の悪癖で、僕はそういう二項対立を超えた建築を作りたい」と突き放す日もある。

また、別の気分の日には、丁寧にプラスチックを使ったプロジェクトの説明をすることもある。たとえば、フランクフルトのデザインミュージアムの庭に茶室の設計を依頼された時は、テナラというポリエステル系の新素材を使った空気膜で建築を作った(図48)。そもそも土壁で作ろうか、和紙で作ろうか、竹で作ろうかと迷っていたら、ミュージアムのシュナイダー館長から、「ドイツは日本じゃないんですよ」と注意された。「そんな柔らかな素材で作ったら、ドイツなら一晩のうちにボロボロにされちゃいますよ!」というのである。「じゃあコンクリートで作れっていうのかよ……」と開き直りたくもなったが、そこはぐっとこらえて、茶室を使う時だけ、空気を注入してふくらむ茶室、というのを提案した(図49)。使わない時は、しぼんで収納されているので、ドイツにいかに乱暴な連中がいようと、壊される心配はないのである。

そのふくらんだりしぼんだりする建築を作るために、このテナラという新素材が最適だったのである。確かに石油系の素材という点では胸をはれないというところもあるが、空気でふくらんだりしぼんだりするその柔らかな動きは、従来の硬くてびくともしない建築

図 **48**　フランクフルトの茶室(2007)

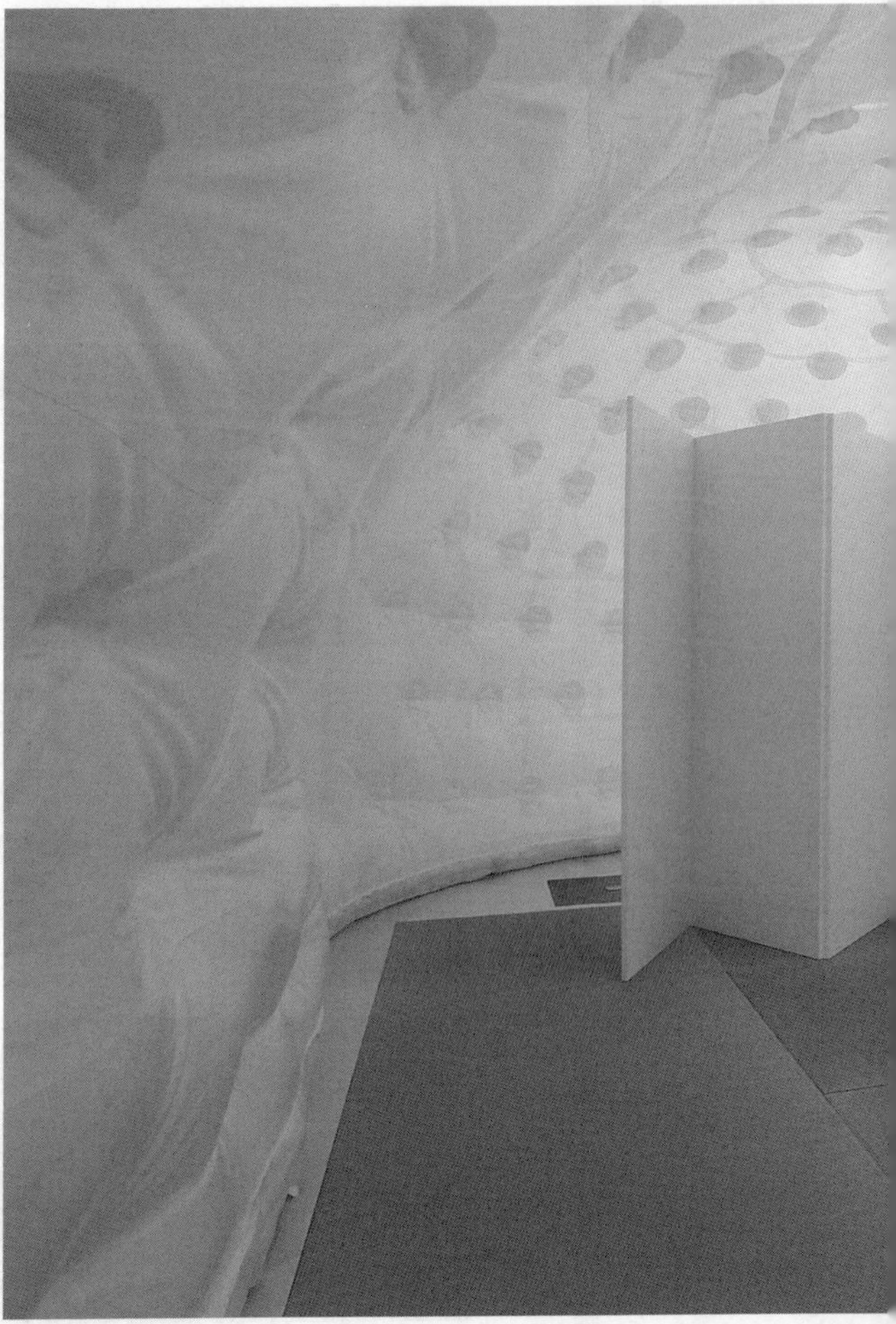

図49　空気を注入されるフランクフルトの茶室(2007)

とは一味違い、むしろ生き物に近い印象のものとなった。フランク・ロイド・ライトは有機的建築を唱えたが、彼の有機的建築も、曲面でできていたり、外部と内部との境界が曖昧だったりはするものの、建築自体が生き物のように動くことは少ない。フランクフルトのライン川のほとりで、白い膜の内部でお茶を頂くと、生物の内臓にのみ込まれたような、不思議と癒された気分になるのである。

ほぼ同じ頃に、形状記憶合金という特殊な金属を使って、温度の変化によって形を変える建築を試作したが(図50)、これも材料は金属だから、自然素材原理主義の人から見れば、不純な建築になるのかもしれない。

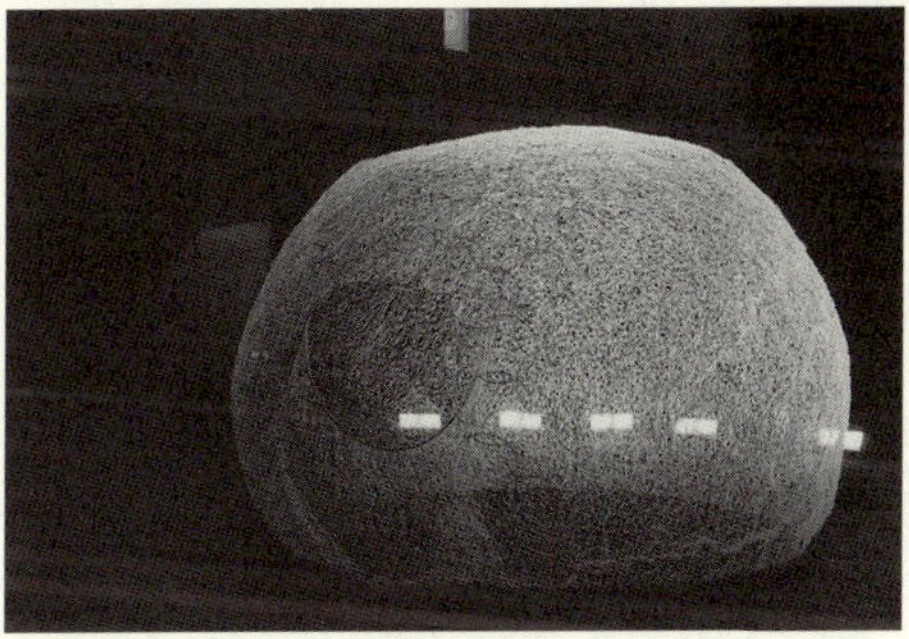

図50　形状記憶合金でできた温度によって形を変えるパヴィリオン K×K(2005)

MOMAのウォーターブランチ

ニューヨークの近代美術館(MOMA)からの依頼でハウス・デリバリーという不思議な名前の展覧会に出品したウォーターブランチも、プラスチックでできている点に、質問が集中する。

そもそもこのウォーターブランチは長い時間をかけて温めてきた発想である。下関・安養寺の日干し煉瓦の章でも述べたように、プロに頼まなくても、素人が、自分の力で積み上げられるブロック造にそもそも関心があった。大きな機械に頼らなくても、大きな企業に頼まなくても、自分だけの力で、自分の空間、自分の建築を作ることができたら、建築の世界はもっと風通しのよい、民主的な世界になるだろうという子供じみた夢を、ずっと抱いているのである。だから、自分の庭の土を干して誰もが作れてしまう日干し煉瓦のブロックにも興味があった。

しかし、実際のところ、日干し煉瓦のブロックは、ちょっと重すぎるのである。一人の力であれを積み上げて建築を作るのは少し無理がある。地震で倒れてきたら、大怪我の危険もあるので、ジョイントに工夫がいる。もう少し、軽くて扱いやすいブロックはないだろうかと探していたら、道路工事の現場で、奇妙な形のポリタンクに出会った（図51）。工事箇所への侵入を避けるために、そのタンクは並べられていた。よく見れば、そのタンクには、水が詰められていたのである。軽いカラのタンクの状態で現場へ搬入され、その後で水が注入される。そうすれば、強い風が吹いても飛ばされないバリケードができるし、工事が終わったら、中の水を抜くだけで、元の軽く運搬しやすいタンクに戻る。

図 51　工事現場で水を入れてバリケードとして用いられるポリタンク

このアイデアを建築に展開すれば、日干し煉瓦のブロックとは比較にならないほどに、フレキシブルで民主的な建築システムが作れるかもしれない。そう思いついて、レゴブロックという子ども用の積木を大きくしたようなポリタンクを試作した（図52）。組み合わせの原理はレゴと同じだから、積み上げていくことで、高い壁も作れる。下の方のブロックに水を入れて重くすれば、安定した建築になるというのがミソであった。

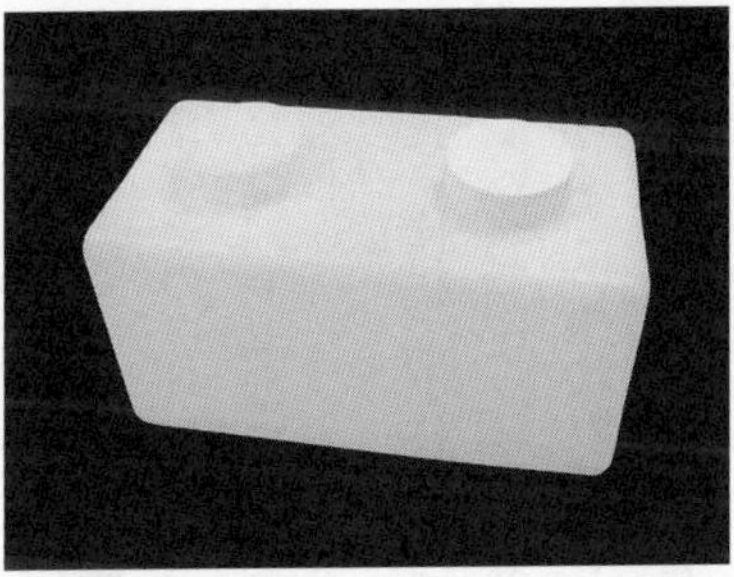

図 **52**　「レゴ」型の水ブロック（2004）

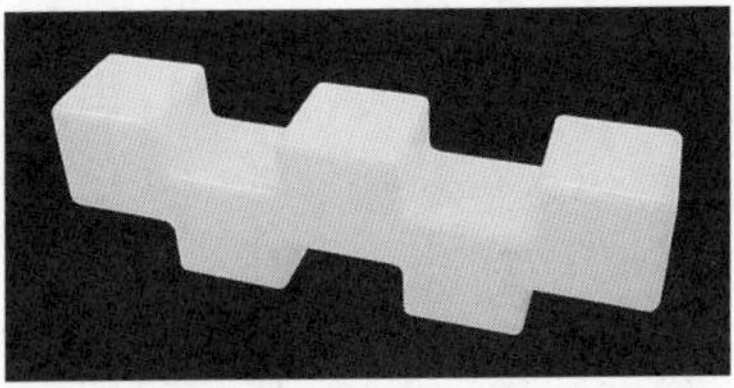

図 **53**　MOMA のハウス・デリバリー展に展示されたウォーターブランチ（2008）．幅 500 ミリ，高さ 150 ミリ

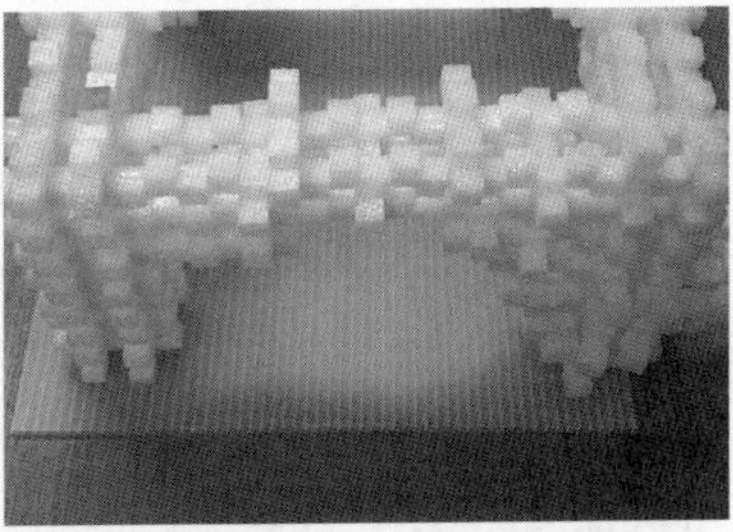

図 **54**　図 53 のウォーターブランチで作った屋根つきのパヴィリオン（2008）

しかしこのレゴに似たシステムだと、壁は作りやすいが上に屋根を架けるのが難しいことに気づいた。少しずつ横に持ち出していって、アーチのように屋根を架け渡すことができれば、そのブロックだけで壁だけでなく、天井、屋根まですべて作れてしまう。それをするには、レゴ型ではなくて、もう少し長い棒状のものの方が適しているのがわかった（図53、54）。

細長い棒状で小枝に似ているのでウォーターブランチ（水の枝）と命名した。枝を次々に重ねていって作られる、森のような複雑な形の構造体もなかなか美しかった。

さらにこの棒状のブランチの両端にバルブをつけると、ブランチ自体が液体を流すためのパイプになることにも気がついた。まさに木の枝が水や養分を吸いあげるように機能してくれる。そこに温水を流してやれば、床暖房、壁暖房ができる。この新しい水ブロックは、まるで植物の細胞のようにフレキシブルなのである。壁は壁、仕上げ材は仕上げ材、パイプはパイプという決められた役目しかはたせなかった建築の建築材料とは大違いなのである。自然の持っている、たとえようもない柔軟性に少しだけ近づけた気がして嬉しくなった。

それでも、石油で作られているというところは、まだ胸がはれない。講演会でこのブロックを説明しても、そこを突っ込まれると少し弱気になる。しかしそもそも、一〇〇パーセント胸をはれるような建築があるだろうか。生産の過程で、そして輸送や組み立ての過程で、あらゆる建築素材は何らかの形で環境を破壊し、貴重な自然を壊している。一〇〇パーセント胸をはって説明する人がいたら、それこそ最も信用できない。

最も必要なのは、胸をはれない、という現実をしっかりと見つめることである。そのうしろめたい、胸をはれない現実を認めた上で、そこに対して現実的な解決策を練り上げていくことである。その現実認識にしか、その謙虚さにしか、建築の望みはない。その胸のはれなさからスタートするのが、本当の意味での自然な建築であると、僕は考えている。

あとがき

この本を作るにあたってお世話になった方々への謝辞を述べるつもりであとがきを書き始めたら、様々な顔が浮かんできて混乱してしまった。

具体的な本作りにあたっては、岩波書店の千葉克彦さん、伊藤耕太郎さんに大変お世話になったし、僕の設計事務所の稲葉麻里子さんには、事務所の中に保管されている莫大な量の建築写真、図面からの選定、整理の作業をすべてお願いしてしまった。

普通だとこれで謝辞が終わるのだが、この本の場合、ここで取り上げた「自然な建築」を実際に実現するために骨を折ってくれた人達の助けがなければ、そもそも本のもととなるストーリー自体が生まれなかった。その意味で、この本の本当の著者は、これらの建築に関わった人達ということになるのかもしれない。

では、関わってくれた人は誰かとなると、これが「自然な建築」の場合、とてつもなく拡がっていて、宇宙の果てまでに届いてしまいそうな気分になる。木で建築を作った場合は、見事な技を見せてくれた大工さん達の顔がまず浮かぶのだが、その背後には森を大事に守り、木を育てた人達がいるわけだし、さらにその背後には、水を管理する人をはじめとして、この自然環境の繊細きわまりない循環システムを守り、支えているすべての人達がいたはずなのである。

さらに、「自然な建築」のクライアントに対しては、通常の建築のクライアントに対する謝辞とは比較にならないほどの大きな感謝の気持ちを伝えなくてはならない。本文でも繰り返したように「自然な建築」は、傷つきやすく、変色しやすく、欠点が多く、メンテナンスにも手間がかかる。それを承知で、なおかつ、「自然な建築」を建て、それを大事にメンテし続けるという大きな決断をして下さった方々に対しての感謝は、とても言葉でいい表せるものではない。

その大きな決断がなければ何も始まらなかったし、何も実現しなかっただろう。その決断の後を追って、われわれは走り始めたのである。欠点だらけの自然素材をなんとか励まし救出し、なんとか建築という形にしたいという目標に向かって、われわれはない頭をふりしぼることが可能になったのである。

おそらく「自然な建築」というのは、大きな寛容の上にはじめて成立する建築なのである。僕が、そのような大きな寛容に取り囲まれていたおかげで、何とか建築の仕事を続けてこられたわけであるし、なんとかこの本が出来上がった。あらためてその寛容に対して感謝したい。

写真撮影

藤塚光政　1, 2, 4, 7, 8 章扉，図 8, 11, 12, 14, 15, 25, 28, 39, 47
阿野太一　3, 6 章扉，図 21
淺川 敏　5 章扉

図版提供・出典

図 1, 2, 3, 5, 17　建築 20 世紀，新建築社
図 4　ブルーノ・タウト 1880-1938，トレヴィル
図 16　西洋建築様式史, 美術出版社
図 24　新版 空間・時間・建築 1，丸善
図 26　フランク・ロイド・ライトと日本文化，鹿島出版会
図 31　自然素材で作る竹細工，誠文堂新光社
図 35　世界のおもしろ住宅，松下電工
図 37, 38　フランク・ロイド・ライトの建築遺産，丸善
図 40, 41　劇場，早稲田大学出版部
図 43　宗教法人平等院
図 44　宮内庁京都事務所
図 51　スイコー株式会社
その他　隈研吾建築都市設計事務所

隈 研吾

1954年，神奈川県生まれ．東京大学大学院建築学専攻修了．コロンビア大学建築・都市計画学科客員研究員などを経て，1990年，隈研吾建築都市設計事務所設立．

現在，東京大学特別教授，名誉教授．

著書に『負ける建築』『小さな建築』『点・線・面』『対談集 つなぐ建築』(岩波書店)のほか，『場所原論』(市ヶ谷出版社，全2冊)，『建築家，走る』『ひとの住処 1964-2020』(新潮社)，『隈研吾作品集 2006-2012』『隈研吾作品集 2013-2020』(A. D. A. EDITA Tokyo)，『新・建築入門』(筑摩書房)，『東京 TOKYO』(KADOKAWA)など多数．海外での翻訳出版も続いている．

自然な建築　　岩波新書(新赤版)1160

2008年11月20日　第1刷発行
2023年9月15日　第10刷発行

著 者　隈《くま》 研《けん》吾《ご》

発行者　坂本政謙

発行所　株式会社 岩波書店
〒101-8002 東京都千代田区一ツ橋 2-5-5
案内 03-5210-4000　営業部 03-5210-4111
https://www.iwanami.co.jp/

新書編集部 03-5210-4054
https://www.iwanami.co.jp/sin/

印刷製本・法令印刷　カバー・半七印刷

ISBN 978-4-00-431160-7　Printed in Japan

岩波新書新赤版一〇〇〇点に際して

ひとつの時代が終わったと言われて久しい。だが、その先にいかなる時代を展望するのか、私たちはその輪郭すら描きえていない。二〇世紀から持ち越した課題の多くは、未だ解決の緒を見つけることのできないままであり、二一世紀が新たに招きよせた問題も少なくない。グローバル資本主義の浸透、憎悪の連鎖、暴力の応酬——世界は混沌として深い不安の只中にある。

現代社会においては変化が常態となり、速さと新しさに絶対的な価値が与えられた。消費社会の深化と情報技術の革命は、種々の境界を無くし、人々の生活やコミュニケーションの様式を根底から変容させてきた。ライフスタイルは多様化し、一面では個人の生き方をそれぞれが選びとる時代が始まっている。同時に、新たな格差が生まれ、様々な次元での亀裂や分断が深まっている。社会や歴史に対する意識が揺らぎ、普遍的な理念に対する根本的な懐疑や、現実を変えることへの無力感がひそかに根を張りつつある。そして生きることに誰もが困難を覚える時代が到来している。

しかし、日常生活のそれぞれの場で、自由と民主主義を獲得し実践することを通じて、私たち自身がそうした閉塞を乗り超え、希望の時代の幕開けを告げてゆくことは不可能ではあるまい。そのために、いま求められていること——それは、個と個の間で開かれた対話を積み重ねながら、人間らしく生きることの条件について一人ひとりが粘り強く思考することではないか。その営みの糧となるものが、教養に外ならないと私たちは考える。歴史とは何か、よく生きるとはいかなることか、世界そして人間はどこへ向かうべきなのか——こうした根源的な問いとの格闘が、文化と知の厚みを作り出し、個人と社会を支える基盤としての教養となった。まさにそのような教養への道案内こそ、岩波新書が創刊以来、追求してきたことである。

岩波新書は、日中戦争下の一九三八年一一月に赤版として創刊された。創刊の辞は、道義の精神に則らない日本の行動を憂慮し、批判的精神と良心的行動の欠如を戒めつつ、現代人の現代的教養を刊行の目的とする、と謳っている。以後、青版、黄版、新赤版と装いを改めながら、合計二五〇〇点余りを世に問うてきた。そして、いままた新赤版が一〇〇〇点を迎えたのを機に、人間の理性と良心への信頼を再確認し、それに裏打ちされた文化を培っていく決意を込めて、新しい装丁のもとに再出発したいと思う。一冊一冊から吹き出す新風が一人でも多くの読者の許に届くこと、そして希望ある時代への想像力を豊かにかき立てることを切に願う。

（二〇〇六年四月）